Andrea Valori

La direzione spirituale dei Padri del deserto: Coscienza e Grazia

Andrea Valori

La direzione spirituale dei Padri del deserto: Coscienza e Grazia

Prefazione Mons. Domenico Cornacchia

Edizioni Sant'Antonio

Imprint
Any brand names and product names mentioned in this book are subject to trademark, brand or patent protection and are trademarks or registered trademarks of their respective holders. The use of brand names, product names, common names, trade names, product descriptions etc. even without a particular marking in this work is in no way to be construed to mean that such names may be regarded as unrestricted in respect of trademark and brand protection legislation and could thus be used by anyone.

Cover image: www.ingimage.com

Publisher:
Edizioni Accademiche Italiane
is a trademark of
International Book Market Service Ltd., member of OmniScriptum Publishing Group
17 Meldrum Street, Beau Bassin 71504, Mauritius

Printed at: see last page
ISBN: 978-613-8-39209-5

copertina: foto dalla fortezza di Masada

Alle due persone più importanti della mia vita: grazie per avermi fatto conoscere che Dio è amore di mamma che vive per te, che la grazia vince ogni cosa con lo sguardo rassicurante di un padre, che dice non temere ci penso io.

Grazie per ciò che siete stati e grazie per avermi fatto diventare quello che sono .....

Prefazione

Si racconta, in uno dei tanti aneddoti riguardanti don Tonino Bello, che ad un gruppo più o meno folto di ragazzi, in una ricorrenza particolare dell'anno dove tutti festeggiano, ad un certo punto disse di dover andar via. I ragazzi, un po' perplessi e ancora increduli, chiesero al vescovo cosa avesse da fare di tanto importante da lasciar tutto sul più bello. Don Tonino, con discreta titubanza cercò di glissare, ma, all'incalzare dei giovani, dovette venire allo scoperto sulla motivazione che lo portava via da loro e disse: "Devo andare da un senzatetto, perché spesso lo aiuto, spalmandogli della crema sui piedi". Possiamo solo immaginare il gelo nei cuori e nell'animo di quei ragazzi, vedendo un vescovo fare ciò che era tanto doveroso da essere e diventare straordinario e repellente.

Perché iniziare con questo aneddoto la presentazione di un libro riguardante la direzione spirituale e per giunta dal IV-V secolo d.C. in poi? Lo si capisce dal titolo "Paternità, Coscienza e Grazia". Il mio amato predecessore, pastore e amante di questa Chiesa di Molfetta - Ruvo - Giovinazzo -Terlizzi, ha rievocato lo stile dei padri e dei monaci del deserto, guarendo quelle parti ferite della carne di Cristo. Prima ancora di spalmare la pomata sui piedi di quel povero, si è fatto carico di una pastoralità paterna, toccando la carne di quei ragazzi che avevano bisogno di essere scossi dall'anonimato delle consuetudini e riportati al coraggio della vita reale. Il Santo Padre Francesco, per citare un altro padre di questi tempi, dice che è una grazia per "il popolo avere buoni pastori, che non si vergognano di toccare la carne ferita" *(Omelia Santa Marta 30-10-2017).* Le ferite del nostro tempo sono molteplici e variegate. Probabilmente la più grande, che albeggia soprattutto tra ogni uomo e ogni cristiano, è la carenza di santità. Detta parola forse è troppo cassata dalle nostre attività pastorali da una carità con cenni di filantropia, sembra troppo *off-line* per rimanere in connessione con il *mondo social.* È proprio questa la carne ferita dell'uomo: credere che la santità abiti lontano, mentre è nel nostro cuore, nella nostra coscienza. "Mi piace vedere la santità di Dio paziente: nei genitori che crescono con tanto amore i figli, negli uomini e nelle donne che lavorano per portare a casa il pane, nei malati. [...] Questa è la santità "della porta accanto" di quelli che vivono vicino a noi e sono riflesso della presenza di Dio"[1](GE7). La direzione o accompagnamento spirituale, in ogni epoca, modera sempre questo grande anelito dell'uomo a rendersi presente a Dio. Don Tonino, colpendo quei ragazzi con il dardo di quella piccola azione, ed il Papa, richiamando ad una santità vicina che ci accompagna, hanno dato concretezza a ciò che molti secoli fa i monaci del deserto chiamavano *syneidesis*. La *syneidesis,* cioè la coscienza, è intesa come un libro sul quale poter scrivere e su cui poter leggere. Papa Francesco, quei ragazzi possono ancora leggere nel libro della coscienza di don Tonino che il "marchio di fabbrica del cristiano è vivere per" (Omelia Santo Padre, porto di Molfetta 20 Aprile 2018). La coscienza in atto è un libro che è letto e che scrive nei cuori di chi ama. Ogni accompagnamento spirituale, offerto e richiesto, non può fare a meno di confrontarsi con questa realtà carnale e spirituale dell'uomo, cioè la sua coscienza. Essa è il sacrario di Dio con l'uomo, dice il Concilio, è lì che si gioca la partita della vita su chi vogliamo diventare. I padri del deserto, come la teologia agostiniana, punteranno molto sulla scelta, sul libero arbitrio e sulla grazia che ne modella le dinamiche. In modo profetico papa Francesco mette in guardia sui rischi di una falsa santità e, quindi, di una falsa direzione spirituale che punta tutto sullo gnosticismo attuale o sul pelagianesimo attuale. Questi rimandi di *Gaudete et Exultate* dicono come sia sempre più necessario essere “semplicemente santi e soprattutto uomini” e trovare persone che aiutino l’uomo a diventare sé stesso, divinizzato dalla grazia di Dio: “Siate santi perché io, il Signore, vostro Dio, sono santo” (Lv19,2). *Servire Domino in Laetizia,* questa la strenna a me molto cara, si innesta nella via scelta negli ultimi tempi, così impervi e burrascosi fuori e dentro la Chiesa, con cui lo Spirito ha voluto condurci nei pronunciamenti magisteriali, sottolineando tre aspetti fondamentali della grazia: la gioia del vangelo, *Evangelii Gaudium*, la gioia dell’amore, *Amoris Letitia*, rallegratevi ed esultate, *Gaudete et Exultate*. Questo è ciò che la grazia di Dio, da secoli vuole da noi e, questo detto dei padri, ne descrive l’azione: «Il Padre Poemen lodò il monaco che coltivava il proprio campo dandone in elemosina i prodotti. Quando l'abate Anub, un monaco severo, lo venne a sapere, rimproverò Poemen perché, a suo dire, l'agricoltura non si addice ad un monaco. Quando Poemen lo riferì al fratello, quello si rattristò. Allora Poemen criticò l'abate Anub: “Sapevo anch'io fin da principio che non è lavoro da monaci, ma ho parlato conforme al suo pensiero e gli ho dato ardore nel progresso della Carità. Ora invece se ne è andato afflitto e continua a fare lo stesso” » (*Vita e Detti dei Padri del deserto*).

Voglio concludere questa mia presentazione sul tema della direzione spirituale così come l’ho iniziato, cioè facendo riferimento ai veri protagonisti di questo sublime strumento di grazia: i giovani. La lettera di indizione del sinodo dei giovani finisce in tal modo: “Vi affido a Maria di Nazareth, una giovane come voi a cui Dio ha rivolto il Suo sguardo amorevole, perché vi prenda per mano e vi guidi alla gioia di un «Eccomi» pieno e generoso” (*cfr Lc 1,38*). L’invito del Santo Padre, che ricalca quello fatto da Dio ad Abramo, è di andarsene dalla propria terra, da ciò che si conosce, per incamminarsi verso qualcosa di sconosciuto, ma foriero di sicure realizzazioni[1]. Come Abramo e tutti gli uomini della Bibbia, ogni giovane è chiamato a diventare uomo, donna, a diventare sposo, sposa, padre e madre. Questo cammino così bello e duro, allo stesso tempo, chiede all'accompagnamento spirituale di condurre verso ciò che genera ogni sponsalità e paternità: l'Amore di un Dio che stravede per noi ed è contento di noi sempre e comunque. Ricordate, voi giovani e voi che li accompagnate, che è Dio che genera in voi il Suo amore di Padre. Nessuno genera se non è generato e non si lascia generare da Lui. Tale Amore di Padre non si arroga diritti, ma ha solo il dovere di essere sé stesso: simile ad un padre così libero da amare e farsi ferire ed abbandonare da colui che ama *(cf Lc 15,12).*

Cari giovani e voi che li accompagnate, spendete la vita per questo amore, fatevi accompagnare e accompagnate in questo amore, allora la vostra vita sarà bella e piena di gioia.

Questo libro possa essere un ausilio efficace per formare accompagnatori spirituali liberi, di coscienze libere, che con cuore sincero gioiscono, si rallegrano ed esultano nell'amore di un Dio che è più grande del nostro cuore e conosce ogni cosa.

+ don Mimmo Cornacchia, Vescovo
di Molfetta- Ruvo Giovinazzo-Terlizzi

---

[2] Cf. Lettera del Papa ai giovani in occasione della presentazione del Documento Preparato rio della XV Assemblea Generale Ordinaria del Sinodo dei Vescovi

Indice

Introduzione 1

1. I Monaci del Deserto 5

1.1 Il Padre e il richiedente 5

1.1.1 Il discepolo per antonomasia: il richiedente 7

1.1.2 Non solo un maestro 9

1.2 I carismi della paternità 10

1.2.1 Il coraggio del Padre - Maestro 11

1.2.2 La misericordia 12

1.2.3 Parola, opera e carità 13

1.3 Gli Pneumatofori 14

1.3.1 Il Maestro è Madre 15

2. Il monachesimo palestinese e il giudice interiore 18

2.1 Un'antropologia teologica di riferimento 18

2.2 Il ruolo della coscienza 20

2.2.1 Il significato classico 21

2.2.2 Paolo e la tradizione Cristiana 22

2.3 Marco il monaco e la scuola di Gaza 25

2.3.1 Barsanufio e Giovanni di Gaza 26

2.3.2 Doroteo di Gaza 29

2.3.3 Il Magistero odierno 30

3. I Padri del deserto: un metodo attuale ed attuabile 35

3.1 Dalla teologia alla prassi: l'aiuto di Agostino di Ippona 36

3.1.1 L'azione della grazia 38

3.1.2 Legge e Carità 39

3.2 Dirigere, consolare, incoraggiare 41

3.2.1 Altri metodi 43

3.3 Condurre con prudenza alla verità 45
3.3.1 Confronto tra Teologia e Spiritualità 48
3.4 Il superamento delle ferite 51
3.4.1 Tenerezza e senso di colpa 52

Conclusione 55
Note bibliografiche: 59

Introduzione

«*Essemus sancti et immaculati in conspectu eius in caritate*» (Ef 1,4). Queste parole della lettera di San Paolo, indirizzata alla comunità di Efeso, danno chiarezza e luce alla trattazione che sarà svolta successivamente. La direzione spirituale, infatti, non si radica solo nella paternità di Dio, ma anche nella vocazione originaria dell'uomo: la santità. Per approfondire il primo pilastro della direzione spirituale, cioè la paternità di Dio, facciamo riferimento all'apostolo Giovanni, il quale, nella sua prima lettera, afferma che Dio è più grande del nostro cuore: sarà proprio questo il filo conduttore che articolerà la prima parte del libro.

Verranno esposte infatti le caratteristiche del Padre spirituale, nella prima era cristiana, attraverso le aspettative del discepolo. Il maestro è delineato nelle sue qualità proprie, come il discernimento, l'incoraggiamento, la misericordia. È facile quindi notare una similitudine tra le peculiarità dimostrate dai padri del deserto nel cinquecento (a.C.), con ciò che l'accompagnatore spirituale è chiamato ad esprimere oggi, nel duemila.

Nel rapporto di accompagnamento spirituale, infatti, entrano in campo alcune dinamiche, che scaturiscono dall'incontro di due persone, dove una di esse chiede di essere guidata in un cammino di conversione interiore. Questo cammino è connotato da fattori umani e spirituali; ecco, perché è importante agire in ambo le direzioni, aprendo sempre di più il diretto all'azione dello Spirito Santo e convogliando le sue risorse psicologiche in un impegno che sia cosciente e motivato, per giungere ad una motivazione della persona nelle sue dimensioni costitutive: umana e spirituale. Altri elementi concernenti le attese del diretto sono l'essere capito nella sua situazione ed essere promosso nella sua libertà; dunque, è necessario, per quanto possibile, che l'accompagnatore entri nel mondo dell'altro, vedendo la situazione come la vede lui, afferrando il significato che egli stesso vi collega per comprenderlo dall'interno.

Chi accoglie il ministero di accompagnare una persona nello itinerario di perfezione, deve innanzi tutto aprire l'animo all'azione dello Spirito, aiutando a conoscere sé stessi e il disegno di Dio sulle persone, senza imporre il proprio modo di vedere le cose.[1] È necessario, quindi, che l'accompagnatore abbia l'umiltà di lavorare nella consapevolezza che il vero direttore spirituale è lo Spirito Santo. Chi guida le persone non deve prestare un'attenzione superficiale e frammentaria alla voce di Dio e a quella dell'interlocutore, per non correre il rischio di cadere nell'immagine metaforica del *terzo orecchio*, ascoltando ciò che lui vuole ascoltare.

« Dio è amore » (Gv 4,8): il maestro, dunque, è il surrogato, il sacramento e il canale di questa donazione e carità. Analizzando i vari attributi della carità, possiamo considerare la pazienza e la bontà, le quali sono strettamente correlate alla maternità di Dio. La pazienza misericordiosa e infinita di Dio è ben espressa nella liturgia del Venerdì Santo: «Io ti ho guidato fuori dall'Egitto e ho sommerso il faraone nel Mar Rosso, e tu mi hai consegnato ai capi dei sacerdoti. Io ho aperto davanti a te il mare, e tu mi hai aperto con la lancia il costato. Io ti ho posto in mano uno scettro regale, e tu hai posto sul mio capo una corona di spine. Io ti ho esaltato con grande potenza, e tu mi hai sospeso al patibolo della croce».[2]

Questi sono i sentimenti di amore incondizionato che il direttore spirituale deve incarnare nei confronti del discepolo, concretizzandoli con il perdono, l'incoraggiamento e la longanimità d'animo verso gli insuccessi e le lentezze del diretto. Il padre, dunque, non deve solo amare, ma essere amore. Come è possibile realizzare ciò per un uomo, che nonostante tutto deve fare i conti con il proprio peccato e la propria insufficienza?[3] I monaci del deserto erano detti *pneumatofori*, cioè portatori di Spirito; essi erano permeati dalla Parola di Dio, tanto da adottare lo stesso stile e linguaggio del Maestro Gesù.

Anche oggi è possibile raggiungere quei livelli di santità? Forse non è questa la domanda giusta da porsi, ma la vera domanda è: chi è l'autore di questa perfezione paterna? L'autore della lettera agli Ebrei (cf. Eb 13,9 a) afferma che Gesù Cristo è lo stesso ieri, oggi e sempre. Ciò vale anche per l'artefice e perfezionatore del direttore: Dio non cambia e non omette di dare la sua grazia secondo i suoi benevoli disegni, suscitando il volere e l'operare. Dunque, lo Spirito Santo assiste sempre coloro che esercitano tale ministero, ma deve trovare aperta la porta della libertà, grazie agli strumenti primi della grazia: i sacramenti, la preghiera, una salda preparazione teologica e magisteriale, che non può essere avulsa da una sana e vera devozione mariana, consacrando a Maria, *Ancilla Domini e Mater Dei*, il proprio apostolato.

Nella seconda parte del libro, più precisamente ai capitoli due e tre, faremo riferimento al secondo pilastro che regge la direzione spirituale: *«Essemus sancti et immaculati in conspectu eius in caritate» (Ef 1,4).* A questo proposito sarà importante approfondire la concezione e il ruolo della coscienza, in quanto essa evidenzia all'uomo la via del bene e del male, della vita e della morte. È necessario, quindi, evidenziare la vocazione della persona alla santità, realizzazione che, però viene franata dal peccato originale, il quale contamina anche la coscienza. Il sacrario di Dio con l'uomo, dunque, deve essere formato da degli aiuti esterni, come la guida di un saggio. Da questo deriva il fatto che sicuramente la direzione spirituale non è necessaria per la salvezza, ma sicuramente lo è per la santità.

A partire dalla tradizione greca, la coscienza ha sempre avuto la accezione di voce che indica il bene. Il pensiero cristiano, dalla Scrittura ai Padri della Chiesa, viene espresso in termini che presentano sfumature diverse e che in queste pagine avremo modo di chiarire.

I padri del deserto puntano ad una crescita della persona nelle sue facoltà e nella fede amicale con il Padre che è nei cieli. Secondo questo sistema di riferimento, quindi, è importante considerare il rapporto tra l'uomo e la sua libertà di rispondere a Dio, che ci ha amati con il più libero degli atti. Il trinomio grazia, merito, libero arbitrio, di cui parleremo, viene sviluppato da Sant' Agostino nella disputa con Pelagio e Valentino, la quale porta in seno problematiche non solo di carattere teologico, che poi si riversano sulla direzione spirituale, definendone lo stile, l'efficacia, ma soprattutto la bontà.

1. I Monaci del Deserto

1.1 Il Padre e il richiedente

«Tutti i monaci di San Macario sono diretti dall'unico padre spirituale e si sforzano di vivere in comune secondo lo spirito evangelico, praticando la carità fraterna e dedicando molto tempo al lavoro ... L'unica regola della comunità è l'amore senza condizione e senza limiti, come ha insegnato Cristo nella Sua oblazione sacrificale della croce. Il padre spirituale aiuta ciascun monaco a discernere il progetto di Dio sulla sua vita».[4]

Queste righe non si riferiscono ad un monastero risalente agli inizi del monachesimo o a qualche gruppo di monaci, che vivevano in comune nella prima civiltà cristianizzata di ispirazione costantiniana, ma sono riferite al monastero copto-ortodosso fondato da S. Macario nel 360 d.c., che è ancora fiorente e sorge sulla via che congiunge Il Cairo ed Alessandria d'Egitto. Il fatto che anche in questi tempi, in cui Dio sembra una persona o almeno un concetto avulso da tutto ciò che sa di etico e spirituale nell'uomo, l'accompagnamento spirituale sia ricercato e considerato nella sua importanza è un segno indicatore di come ogni persona, pur non sapendolo, cerchi la verità e trovi, in figure intrise di saggezza e sapienza, l'immagine di ciò che ha sempre cercato, ma non ha mai trovato: Dio e il Suo Amore.

Nell'arco dei secoli la paternità spirituale ha cambiato nome, ma ha mantenuto la sua sostanza e i suoi fini, cioè sottomettersi ad un padre e riporre in lui una fiducia incondizionata. Questa modalità di dipendenza veniva considerata come portatrice di grandi ricompense, più di quanto avessero recato penitenze, isolamenti o digiuni. La tradizione filosofica ha espresso numerose figure di maestri spirituali, che testimoniano come sia possibile condurre un rapporto con il discepolo improntato su intimità e sobrietà, tenendo conto delle profondità spirituali che l'animo dell'uomo cela. La concezione biunivoca maestro-discepolo è stata il punto centrale della cristianità orientale, che intendeva tale relazione non come un esercizio pubblico del magistero, ma come un rapporto personale tra un discepolo, desideroso di imparare le vie dello Spirito, e un maestro che ne fosse esperto: «Attaccati ad un uomo che teme Dio; e, nello stargli vicino, imparerai anche tu a temere Dio»; «Lega la tua barca alla nave dei tuoi padri; essi ti porteranno da Gesù».[5] Da questo apoftegma si evince come la missione ultima della direzione e paternità spirituale sia proprio quella di condurre a Gesù, in modo che il diretto si conformi a Lui. In questo ambito, l'aiuto della grazia santificante si rivela indispensabile ed insostituibile per costruire la immagine di Dio, che l'uomo ha visto deturpatasi con l'esperienza tremenda e catastrofica del peccato. La Sacra Tradizione Cattolica ci consegna questa verità: «L'uomo ha preferito sé stesso a Dio, e, perciò, ha disprezzato Dio» (CCC 398) e, «sulle orme di San Paolo la Chiesa ha sempre insegnato che l'immensa miseria che opprime gli uomini [...] non si può comprendere senza il legame con la colpa di Adamo.» (CCC 402).

Come è possibile allora far fronte ad un agire umano che è segnato dall'orgoglio e dalla superbia? Antonio abate dice di aver visto monaci cadere dopo molte fatiche ed uscire di senno, perché avevano posto fiducia nella loro opera, trascurando quel precetto che dice: «Interroga tuo padre ed egli te l'annunzierà» (Dt 32,7). Ci viene così dato un antidoto contro il morso velenoso del peccato originale: vivere l'esistenza cristiana in una progressiva semplificazione della vita, verso cui il monaco si impegna, per arrivare, attraverso la soggezione anche nelle piccolissime cose, alla pienezza della libertà e della gioia o, se vogliamo usare un'espressione eucologica, *per passionem et crucem Eius ad gloriam risurrectionis perducamur.*

Il padre Antonio così esorta i suoi monaci: «Quando è possibile, il monaco deve affidarsi ai padri riguardo al numero di passi da fare e delle gocce d'acqua da bere nella sua cella; se in queste cose non vuol cadere».[6]

Prima di passare in rassegna gli elementi principali che formavano il rapporto tra maestro e discepolo, è conveniente chiarire come la paternità spirituale non fosse in contraddizione, né tanto meno in disobbedienza, verso il precetto del Signore di non chiamare nessuno padre su questa terra (cf. Mt 23,9), ma tale pratica s'inserisse proprio all'interno della paternità di Dio, da cui sgorgano tutte le altre paternità.

1.1.1 Il discepolo per antonomasia: il richiedente

Per avere una esatta concezione di come era considerato e di chi era il direttore spirituale nell'antichità, è necessario principiare un'analisi da un'ottica esterna all'interessato in questione. Dunque, sarà l'atteggiamento del discepolo a manifestare chi è il padre spirituale e qual è la sua funzione.

Il primo elemento che salta fuori da questo rapporto, è che il discente pone delle richieste, fatte con cuore puro e docile, strutturando il suo intervento in tre modalità: 1) «Che devo fare?», 2) «Dimmi una parola», 3) «Come mai il mio cuore...?»...

Queste domande abbracciano tutti gli aspetti della vita cristiana: la povertà di spirito e la sottomissione, la tribolazione e la tentazione che cercano una parola di luce e il desiderio di carità posto di fronte al male che non vogliamo, ma che a volte sembra imprigionarci. Le molteplici domande poste dai discepoli indicano la grande fiducia che essi hanno nei confronti del maestro, il quale è visto e sentito come la voce di Dio, e a cui è riconosciuta una forza spirituale capace di assimilarlo a Cristo.

C'è inoltre da dire che non solo la risposta del padre dà fiducia, ma anche il suo ricordo, rende possibile l'apertura del cuore a ciò che è necessario fare o dire. Un esempio molto plastico, che conferma quanto detto finora, ci può venire da quanto Doroteo scrive a Barsanufio in una sua lettera: «Le tue viscere di misericordia (cf. Col 3,12) verso di me peccatore mi fanno ancora una volta sfacciato e assillante con te; tu illuminami su come dovrà faticare il mio cuore perché entri in me il discernimento. E quanto al ricordo incessante (cf. 2Tm 1,3) di Dio, se tu mi giudichi degno di questa continua meditazione, indicamela, mio maestro, e rendimi forte in essa [..]. Per questo ti supplico, che se questa cosa mi giova completamente tu me la manifesti, maestro: perché io ho fiducia che come la parola esce dalla tua bocca (cf. Nm 30,3) è capace di immettere forza nel mio cuore».[7]

Oltre a questa fiducia incondizionata del monaco nei confronti del suo maestro, possiamo evincere, dalla direzione spirituale antica, un'altra necessità del diretto, cioè la manifestazione dei pensieri. Con questa pratica, chi voleva seguire un cammino di perfezione, poteva esporre i propri pensieri, tentazioni, suggestioni, inclinazioni, impulsi interni ed esterni dell'anima al direttore. C'è da dire che tutto ciò non era, e non è, un accessorio della direzione spirituale: «Niente rallegra di più i demoni ed è più nocivo per i monaci come quando essi nascondono i loro pensieri ai padri spirituali».[8]

Questo aspetto del rapporto padre-figlio diventa più semplice col passare del tempo: il discepolo si libera pian piano dei suoi orpelli, indotti da vissuti previ, e si apre alla fiducia senza riserve nella guida, «perché nel padre lo stesso Cristo dona lo Spirito».[9]

A questo punto è necessario chiarire che l'efficacia del rapporto d'aiuto che ogni accompagnatore spirituale instaura con il diretto, non è di carattere psicologico e non dipende dalla fiducia umana di chi chiede aiuto o dalla professionalità del consulente. La fiducia del figlio è la stessa fede che crede nella assistenza dello Spirito Santo nei confronti del padre e la preparazione del maestro è quella grazia, che Dio dona a chi per primo ha aperto il suo cuore alla Verità e vuole condurvi anche gli altri. Alla luce di questo possiamo dire che nell'arco della sua storia bimillenaria, la direzione spirituale agisce su un livello teologale non unicamente umano, ma che porta l'uomo ad unirsi a Dio.

1.1.2 Non solo un maestro

«Una sera della grande quaresima, durante i vespri al Vecchio Rossikon, un monaco vide il padre spirituale Abramo a immagine di Cristo. Il venerabile padre spirituale, che portava l'epitrachelio (la stola), stava nel confessionale e riceveva le confessioni. Quando quel monaco entrò, guardò il padre spirituale, che era vecchio e canuto, e vide il suo volto giovanile, come quello di un fanciullo; egli risplendeva di luce, simile a Cristo. Allora quel monaco comprese che il padre spirituale esercitava il suo ministero nello Spirito Santo, e che per mezzo dello Spirito Santo sono rimessi i peccati a colui che si pente.»[10]

Questo aneddoto ci consegna i tratti spirituali della guida, che non si limita ad istruire, ma genera anche figli nello Spirito di Cristo e del Padre «perché è assimilato a Dio e può donare lo spirito».[11] Dunque, la paternità meritevole di fiducia è un dono che proviene da una elezione divina, che prescinde dall'età anagrafica del singolo individuo, ma tiene conto della capacità di discernimento e della sapienza, che sono, a loro volta, doni che Dio non disdegna di dare a chiunque. A testimonianza di quanto abbiamo appena detto, il padre Macario parla così ad un suo figlio spirituale:

«Il padre Macario chiese al padre Zaccaria: "Qual è il compito del monaco?" "Come, padre, tu lo chiedi a me?" disse l'altro. "Ho piena fiducia in te, figlio mio Zaccaria" disse il padre Macario "C'è chi mi spinge a chiedertelo"».[12]

1.2 I carismi della paternità

La prima qualità del padre spirituale è il discernimento, la discrezione. Il carisma della *diòresis*, che comprende la conoscenza dei misteri di Dio e dei segreti del cuore umano «E' una perspicacia spirituale che vede attraverso la carne, lo spazio, il tempo».[13]

Il fulcro di ogni guida è, quindi, l'intuizione spirituale, che consente di trovare la risposta ad ogni situazione spirituale del discepolo, grazie anche all'umiltà del padre, che, dimentico di sé, è attento a conservare la propria comunione con Dio, mantenendo una vista acuta nei confronti dei moti interni e delle manifestazioni che gli vengono sottoposte.

Il discernimento si configura, nella teologia, come un dono di Dio. Nella spiritualità antica troviamo una piccola sfumatura, cioè questo dono di Dio viene dato attraverso l'anziano. Questa facoltà, però, richiede impegno e dedizione da parte del discepolo, che deve essere attento all'esempio del maestro, il quale ha bisogno della manifestazione dei pensieri da parte dell'assistito, che, a sua volta, dovrà disprezzare ogni falso pudore. Sarebbe, dunque, da stolti credere di imparare da soli quest'arte finissima «in cui un errore che si commette non provoca già un danno temporale facile a ripararsi, ma produce la perdizione della anima e la morte eterna».[14]

1.2.1 Il coraggio del Padre - Maestro

La pazienza è una virtù che esprime il coraggio e la fede che la guida spirituale deve dimostrare nell'arco di tutto il percorso di accompagnamento; questo vale oggi come ieri, poiché l'uomo è peccatore ed è baciato dalla grazia, per cui cade e si rialza, trovando nella forza di ricominciare il suo vero valore e la sua vera santità. Nella direzione spirituale della prima era cristiana, questa dinamica di aiuto paziente e misericordioso si esprimeva con alcuni atteggiamenti di fondo, come la copertura degli errori del figlio e la sostituzione del padre, che si accollava la penitenza del discepolo. Questo grado di pazienza, che nulla ha a che vedere con il permissivismo, ci dice l'umiltà del maestro, che si metteva sempre sullo stesso piano del discepolo, condividendone le prove ed assumendosi la responsabilità dei suoi errori: «Un fratello disse al padre Teodoro: "Dimmi una parola, perché sto andando in perdizione!" Ed egli con pena gli disse: "Io stesso sono in percolo, che posso dirti?" ».[15]

La pazienza nella direzione spirituale va accompagnata ad una esigenza che vuole il bene del figlio e che non esita a sottoporlo a dure prove, mantenendo sempre, verso il diretto, una bontà che lo porta ad intercedere presso Dio: «Un fratello disse al padre Poemen: "Se cado in qualche miserabile colpa, il mio pensiero mi consuma e mi condanna dicendomi: "Perché sei caduto?" Dice a lui l'anziano: "Nel momento in cui l'uomo cade in una mancanza e dice: "Ho peccato, subito trova quiete" ». Ancora, leggiamo nei detti dei padri, che agivano sul cuore di Dio quasi da imporsi con la loro preghiera: «Una volta Abramo, il discepolo del padre Sisoes, fu tentato dal demonio. L'anziano vide che era caduto, e levatosi in piedi tese le mani al cielo dicendo: "O Dio, sia che tu voglia sia che tu non voglia, non ti lascerò se non lo guarirai"».[16]

1.2.2 La misericordia

Oltre la pazienza, anche la misericordia esprime la profondità umana e spirituale del maestro. Il padre spirituale impronta il suo insegnamento a partire da un atteggiamento che sia sempre intriso di bontà e che promani speranza davanti a tutto e a tutti, specialmente nei confronti di coloro che tradiscono la fiducia o che rendono nulle le fatiche: esperienza che un direttore spirituale deve prepararsi a fare.

Questa dimensione della misericordia mette in evidenza una delle caratteristiche messianiche di Gesù, che, già nella letteratura profetica, si identificava con «una speciale potenza dell'amore, che prevale sul peccato e sull'infedeltà del popolo eletto».[17] Dio stesso si presenta a Mosè come Colui che è ricco di tenerezza e di grazia, lento all'ira e pieno di pietà e fedeltà. Dunque, la misericordia manifestata da Dio differisce dalla giustizia, ma non si contrappone ad essa; al contrario l'aiuta a vincere il male con il bene, conducendola verso il fine ultimo: la Carità.

Cristo, nel suo sacrificio pasquale, ci dà un esempio da seguire riguardo la vera misericordia. Questa non è autentica se pone chi la esercita su di un piedistallo, creando così un rapporto di disuguaglianza. L'amore vero, infatti, non fa differenze e dimentica quanto di male è stato fatto, ridonando al peccatore la sua dignità. L'atto di misericordia, quindi, ricrea chi sente come persa la propria dignità, facendo coscientizzare che questa è indelebile, poiché è stata marchiata nel suo spirito dal sangue di Cristo. I padri antichi sapevano molto bene che «la croce è il più profondo chinarsi della Divinità sull'uomo e su ciò che l'uomo, specialmente nei momenti difficili, chiama il suo infelice destino».[18]«Un fratello interrogò il padre Poemen: «"Che devo fare? Perché mentre sono nella mia cella, mi viene meno il coraggio" L'anziano gli disse: "Non disprezzare né condannare nessuno e non parlar male di nessuno, e Dio ti darà il riposo e la tua vita in cella sarà senza turbamento"».[19]

«Il padre Poemen disse: "Se uno pecca e non lo nega dicendo: "Ho peccato", non rimproverarlo, altrimenti gli mozzi l'ardore. Se, invece, gli dici: «Non scoraggiarti, fratello, ma guardatene d'ora in poi, inciti la sua anima al pentimento"».[20] I padri, dunque, portano nel cuore del loro insegnamento una parola fondamentale: la misericordia, poiché essa trova accesso sicuro al cospetto di Dio.

1.2.3 Parola, opera e carità

Infine, il padre spirituale educa i suoi figli e discepoli con l'esempio; i padri sono simili a Cristo e possono essere paragonati all'albero della vita, che con i suoi frutti nutre tutti, donando una santa pace. Spostare l'asse dell'educazione dalla parola, comunque ispirata, all'esempio silenzioso può essere più efficace, poiché fa toccare con mano l'accoglienza verso il prossimo e l'imperturbabile interiorità di cui lo *staretz* è munito. Dunque, l'esempio è sempre più convincente della parola, anche perché, calarsi in prima persona nelle difficoltà che i discepoli incontrano nel cammino spirituale, è la condizione necessaria per essere maestro: «È pericoloso che insegni chi non è passato attraverso l'esperienza della vita; come uno che abbia una casa pericolante: accogliendo degli ospiti li danneggia se la casa crolla. Così coloro che non hanno costruito sé stessi, mandano in perdizione anche quelli che loro si accostano. Con le loro parole chiamano a salvezza, ma con il loro cattivo comportamento fanno del male a chi li segue».[21]

A ragion veduta possiamo, quindi, affermare che la parola senza l'esempio non porta a compimento la missione della guida e che, solo dalla vita di santità, il consiglio del padre acquista una pregnanza e una forza che edifica, conforta e sprona il diretto a conoscere, servire ed amare Dio: «Chi dice solo quanto fa, edifica con la sola presenza.»[22]

1.3 Gli Pneumatofori

I padri vengono detti portatori di Spirito, poiché attualizzano la Parola di Dio, di cui esperiscono la inattingibile purezza, altezza e profondità. L'adesione che c'è nel maestro tra vita e Parola è così elevata, che questo ne rimane completamente assimilato, tanto che diventa forma del suo pensiero e ne assume lo stile, anche nella più piccola cosa. La parola dei padri diventa prolungamento di quella divina e l'obbedienza a lui è obbedienza a Dio, non solo perché egli ne è il rappresentante, ma anche perché la sua divinizzazione è tale che obbedirgli significa aderire a Dio, in

Cristo, nello Spirito Santo. Un piccolo esempio del livello di inabitazione trinitaria, che gli orientali spingono ad un livello più alto chiamandola divinizzazione, lo dà il padre Poemen, che giunge ad impadronirsi dello stesso atteggiamento linguistico di Gesù, con parole come «sta scritto», «testimonia ciò che i tuoi occhi hanno visto» (cf. Pr 25,7), «ma io ti dico» (cf. Mt 5,21), «non rendete testimonianza nemmeno di ciò che toccate con mano».[23] La Sacra Scrittura, quindi, è il fondamento della vita di questi grandi uomini, che, in spirito di vera povertà, non vogliono possedere nient'altro che Dio e la Sua sapienza, il Suo amore.

1.3.1 Il Maestro è Madre

Un altro obiettivo della direzione spirituale era, ed è, rendere i discepoli liberi nella fede, in modo che questi possano essere adulti responsabili, diventando loro stessi dei *pneumatofori*. Come si genera questo atteggiamento nel discepolo? I Padri credevano che questo potesse scaturire dalla natura stessa di Dio: la Carità. La maturità spirituale del figlio è originata da una paternità che è sacramento di quella divina. La potenza che scaturisce dal rapporto di direzione spirituale e che porta alla maturazione del diretto tocca il suo apice quando esprime una comunione quasi simbiotica tra maestro e discepolo o, meglio, tra madre e figlio, poiché il direttore entra in una unione così alta e profonda con il discepolo da superare il normale rapporto che si verifica in natura tra un padre ed un figlio, riportando alla mente, invece, la relazione che si ha tra la madre e il figlio appena concepito, dove i due sono una cosa sola. Così i due, anziano e apprendista, sono uno nella Parola e nessuno nasconde ciò che avviene nel proprio cuore: dunque, il rapporto tra padre e figlio, nello Spirito, tocca le più alte vette proprio quando è permeato dalla più sorprendente e straordinaria qualità di Dio: la maternità, perché Dio è Madre. I protagonisti di questo miracolo di perfezione e di amore definiscono così la loro relazione: «Non credere, mio amato, poiché ho tardato a scriverti, che io abbia consegnato il ricordo di te all'oblio del mio cuore (cf. Sai 30,13). Ascolta me, che ti amo in Cristo Gesù. Penso a te più di quanto non lo faccia tu stesso; e Dio di più. Non c'è attimo, non c'è ora, in cui io non ti abbia nella mente e nella preghiera. E se io ti amo tanto, Dio che ti ha fatto ti ama molto di più».[24]

Questo brano, estrapolato dalla unione di diversi apoftegmi, ci consegna una immagine plastica dell'ultimo grado del rapporto di aiuto tra monaci, che lega intimamente il padre al figlio, al punto di farsi carico di lui per sempre: «Non ti abbandonerò né nel secolo presente né in quello futuro per la grazia di Cristo».[25] Questa empatia, che si genera tra il padre e il figlio, si basa sull'umiltà, lì dove «il padre non è un medico che cura, è un malato fra gli altri che si fa carico delle loro malattie e delle loro lotte».[26] Il monaco anziano è perfettamente consapevole delle proprie fragilità, che accompagnano ogni uomo, anche chi dirige spiritualmente, ieri come oggi. Per questo è necessario rimettere a Dio sia i propri discepoli che sé stessi, affidandosi a Lui e alla Sua onnipotenza. Agostino, padre d'occidente, scrive, riguardo a Maria, Madre di Dio: «Di nessun valore sarebbe stata per lei la stessa divina maternità, se lei il Cristo non l'avesse portato nel cuore, con una sorte più fortunata di quando lo concepì nella carne».[27] Così a nulla gioverebbero i grandi carismi come la *cardiognosìa* o la *diàkrisis,* se il padre spirituale non avesse umiltà e fiducia smisurata in Dio, virtù necessarie per instaurare quella relazione col figlio che «lascia presentire qualche cosa dell'inesprimibile splendore del rapporto insondabile, che lega tra loro il Padre, il Figlio e lo Spirito, da cui la comunione padre - figlio si origina e procede, e a cui riporta».[28]

Terminiamo questa nostra piccola riflessione sulla paternità e i suoi carismi con uno stralcio di una lettera che esprime, se non la fonte e il culmine, sicuramente uno dei tratti più significativi del rapporto Padre -figlio, cioè la maternità, originata da un Dio che è Madre e per noi si è fatto carne (cf. Gv 1, 14): «Poiché la cerva brama le fonti delle acque (Sal 41,1) così tu brami, ma non come bramiamo te, così non potendo trattenermi (cf. 1Ts 3,5), come dice il divino apostolo Paolo, ho scritto a te queste cose, dette da me, o piuttosto da Dio. Fruttifichi la tua vigna in grappolo che, pigiato, dia vino spirituale, il quale rallegri l'anima tribolata; produca il tuo campo il buon grano, come quello seminato nel buon terreno che produsse il cento, il sessanta, il trenta (cf. Mt 13,8-23). E arda nel tuo cuore sempre il fuoco spirituale; quello che disse il nostro Signore Cristo: "Sono venuto a gettare il fuoco sulla terra" (cf. Le 12,49). E regni la pace del Signore nel tuo cuore, secondo la parola dell'apostolo. E la tua palma si elevi con i rami, come dice David: "Il giusto fiorirà come palma". E tu sia purificato dalla collera e dal desiderio delle cattive passioni come i santi perfetti, presso i quali non appare più assolutamente alcun moto di esse, neppure per un istante. E il Signore conceda alla tua anima di abitare nell'innocenza e nella mitezza, perché tu sia agnello innocente nutrito da Gesù [...] Io prego Dio, notte e giorno perché dove siamo noi, con uno stesso animo sia anche tu con noi, nella gioia ineffabile dei giusti, e nella luce eterna, affinché tu trovi la tua porzione in ciò che è stato promesso ai santi, quando dice: "Occhio non vide, né orecchio udì, né salì in cuore umano ciò che Dio ha preparato per coloro che lo amano. Sii forte nel Signore. La gioia sia con te. Amen"».[29]

2. Il monachesimo palestinese e il giudice interiore

2.1 Un'antropologia teologica di riferimento

La coscienza, o *synéidesis* come la definivano gli antichi, è «la consapevolezza e la giusta valutazione che una persona ha di sé stessa e dei propri atti o pensieri»,[30] che si relaziona e interagisce con la propria libertà, specialmente in una persona decisa a compiere un cammino di santità; non è, dunque, fuori luogo iniziare questa parte della nostra riflessione tenendo presenti alcuni riferimenti di carattere antropoteologico che i padri della chiesa hanno elaborato nella loro teologia.

Gregorio di Nissa considera l'uomo come colui che custodisce la sua immagine di Dio nell'intelligenza, intesa come facoltà di pensare, e nella libertà. Questi doni, che il Creatore ha elargito alla natura umana consentendole di partecipare alla Sua divinità, costituiscono la struttura ontologica dell'uomo, nella quale si realizza in concreto e pienamente «il possesso della immagine di Dio, che porta l'uomo alla sua perfezione».[31] Questo processo indirizza l'uomo, o nel nostro caso il discepolo, a realizzare la sua vocazione originaria, chiama in causa la libertà, la quale conduce al raggiungimento della verità per eccellenza: essere «santi e immacolati al suo cospetto nella Carità» (Ef 1,4).

«Ma nella libertà occorre distinguere due momenti: l'*eleuterìa*, collegata con la *proaìresis,* e la *apateia,* collegata con la *parresia*».[32] Il primo momento evidenzia il rapporto che esiste tra la libertà ed il libero arbitrio, inteso come dominio incondizionato di sé, che significa la capacità di decidere cosa si vuol fare e dove si vuole essere, conseguendone così una duplice possibilità di azione: o fare il male o fare il bene. Siamo, dunque, davanti alla possibilità che il diretto non solo sbagli, ma commetta anche un peccato e retroceda nella via dello Spirito. Ciò giustifica o rende necessaria la presenza di qualcuno, che possa tenere le redini della libertà, conducendo la coscienza ad una formazione che sia secondo il cuore di Dio, che possa accompagnare il discepolo alla piena libertà, scegliendo il bene, «poiché esiste un'intima corrispondenza tra il bene in cui è costituita l'immagine di Dio e il bene da compiere liberamente»[33]

Il secondo momento comprende l'impassibilità, cioè «una libertà spirituale», come la intende Jean Danielou, ovvero quella prerogativa interiore che l'uomo ha perso con il peccato e che Cristo gli ha ridonato, ristabilendo l'amicizia con Dio. Questa non ha niente a che fare con il concetto stoico di impassibilità, che si basa su una ricerca della beatitudine partendo da uno sforzo auto-salvifico dell'uomo. Il nisseno intendeva dare a questo termine il significato di serenità spirituale «delle persone che sono in grazia di Dio, che godono appunto di uno stato di impassibilità, ovvero di una serenità spirituale e della pace interiore».[34]

Alla luce di quanto detto finora, la proposta antropologica del vescovo di Nissa trova fondamento nella libertà, che si articolava su un sistema bidimensionale composto da libero arbitrio e serenità spirituale, i quali davano origine ad una conseguenza concreta: la libertà di parola, *parresìa*. La *parresìa*, secondo il suo significato classico, stava ad indicare il diritto di libera e pubblica espressione di ogni cittadino della *Polis* greca, ma, in senso cristiano, significa la capacità di parlare liberamente con Dio «ovvero come la manifestazione naturale della libertà interiore di una coscienza pura. Così definita, la libertà di parola diviene, in effetti, il fondamento della preghiera cristiana».[35] La *parresìa,* quindi, è composta dal libero arbitrio e dalla serenità di spirito, configurandosi non solo come fondamento della preghiera, ma anche come una delle colonne che reggono un autentico rapporto di direzione spirituale, che si basa sulla libertà di scelta da parte del discepolo di iniziare un cammino di santificazione, confermato da ogni suo singolo atto (libero arbitrio), e su uno stato di grazia (serenità spirituale) necessario per conseguire l'unico vero bene e senza del quale ogni sforzo umano sarebbe irrilevante o quanto meno inefficace.

La libertà di parola è inoltre necessaria al discepolo, perché questo possa manifestare i suoi moti interiori al padre in modo da vincere l'orgoglio o la vergogna, dando la possibilità a chi dirige di vedere, senza doni particolari, nei meandri della coscienza, per dare una giusta cura alle malattie e raddrizzare ciò che è sviato con l'aiuto dello Spirito. Tutte queste caratteristiche consentono al monaco di essere formato nella sua coscienza e di seguire i dettami della stessa, facendo, però, sempre riferimento al suo padre spirituale.

2.2 Il ruolo della coscienza

Per alcuni teologi e scrittori spirituali bisogna operare una chiara distinzione tra direttore spirituale e direttore di coscienza, poiché il primo è «un maestro istruito ed esperto nelle vie dello Spirito che deve ottenere da colui che è diventato suo discepolo il continuo progresso nel camino spirituale»,[36] mentre «non è mai un direttore di coscienza; non genera mai un proprio figlio spirituale, ma un figlio di Dio, adulto e libero. Sarà invece interessante analizzare come nella direzione spirituale del 500 - 600 (a.C.) possa essere in qualche modo innestata la direzione di coscienza. Perché il direttore non diventi un despota è necessario che sia egli che il diretto si mettano alla scuola della verità; il discepolo riceve il carisma dell'attenzione, il padre quello di essere organo dello Spirito Santo».[37]

Nonostante tutto è possibile trovare un nesso tra il compito del padre spirituale e il ruolo che la coscienza gioca nell'esperienza umana.

2.2.1 Il significato classico

Se analizziamo più da vicino l'ambiente greco-classico scopriamo che «molteplici sono le espressioni o i termini che indicano la coscienza».[38] Il termine *syneìdesis* è specifico della letteratura cristiana: c'è da dire che questo termine inizialmente indicava una coscienza priva di qualsiasi connotazione morale, ma che comprendeva un sapere intimo e non condiviso, se non con i sapienti. «L'elaborazione di questo concetto si compie in particolar modo nel pitagorismo, poiché Pitagora contrappone alla sofferenza fisica, imposta da altri a chi ha agito ingiustamente, il tormento della coscienza».[39] Dunque, la coscienza viene definita, come il tribunale ultimo, superiore a qualsiasi istanza esterna, che giudica le azioni fatte. Lo stesso Democrito definiva di fondamentale importanza per il perfezionamento morale della coscienza, riconoscere il male che si è fatto, piuttosto che interessarsi delle altrui mancanze, educandosi così ad un esercizio fermo e diligente della volontà, tanto da dare al giudice interiore un carattere obbligante. Un motto attribuito a Socrate nel *Florilegium* di Stobeo, esprime come all'interno dell'uomo ci sia una entità ontologica e come questa gli dimostri che può sbagliare e fare il male e soffrirne in prima persona: «A Socrate, fu richiesto di dire chi vivesse beatamente, rispose: "Coloro che non hanno nulla di sconveniente sulla coscienza"».[40]

La coscienza, come si può appena intuire da queste poche battute dette da Socrate, appare come un giudice che non ha niente a che fare con l'uomo, quasi come se fosse una presenza interna a lui, ma completamente altra da lui. Questa visione, però, non fa i conti con una realtà e una verità essenziale della fede, che tutta l'umanità si porta dietro: il peccato originale.

Credere la coscienza come una realtà innata e perfetta, che ci sorveglia dappertutto come dei fanciulli affidati a dei precettori, significherebbe negare la verità dell'uomo e la verità su Dio, come il soggettivismo etico vuole farci credere: "L'uomo, tentato dal diavolo, ha lasciato spegnere nel suo cuore la fiducia nei confronti di Dio e, abusando della propria libertà, ha disobbedito al comandamento di Dio. Con questo peccato, l'uomo ha preferito sé stesso a Dio, e, perciò, ha disprezzato Dio: ha fatto la scelta di sé stesso contro Dio, contro il proprio bene. Costituito in uno stato di santità, l'uomo era destinato ad essere pienamente divinizzato da Dio nella gloria. Sedotto dal diavolo, ha voluto diventare «come Dio» (Gn 3,5), ma senza Dio e anteponendosi a Dio, non secondo Dio» (CCC 397-398). Si avvicina a questo modo di intendere la coscienza l'idea di Plotino, cioè «la coscienza come specchio interiore, che un errore umano imbratta; essa ricorda, a mio parere, come vedremo in seguito, la concezione di Doroteo di Gaza»:[41] "La coscienza, il nostro specchio interiore, è disturbata e indebolita dalla cura delle cose terrene e corporee".[42]

2.2.2 Paolo e la tradizione Cristiana

La *syneìdesis* sembra un «termine introdotto nella letteratura cristiana da Paolo»[43] ed indica l'autocoscienza agentee giudicante, ricondotta ad un fenomeno generale appartenente allo uomo (cf. 1Cor 8,7; 10,23). In 1Cor

13,5, invece, questo termine sta a significare l'istanza interiore che giustifica ed esige la necessità della obbedienza.

A detta del *Nuovo Dizionario Esegetico del Nuovo Testamento*, alla voce dedicata al corpo paolino, emerge come la coscienza non sia di centrale importanza all'interno delle lettere di Paolo, né dal punto di vista antropologico, né da quello etico, poiché la *syneìdesis* non è collegata ad un principio morale che manifesta la voce di Dio, riprendendo il significato filosofico greco. «In realtà, almeno stando a una serie di studi, le cose non starebbero così, poiché alla nozione greca tradizionale di coscienza, considerata come una testimone interiore della qualità morale dell'azione umana buona o malvagia, Paolo coniuga l'idea di un giudizio che porta la coscienza non solo sul piano delle azioni personali, ma anche su quello della condotta degli altri uomini».[44] Rispondendo alla comunità di Corinto, che voleva regolare la vita morale sulla coscienza del singolo, l' apostolo afferma che non in tutte le circostanze il singolo è autonomo, ma è legato alla coscienza altrui, che funge da esempio o modello di comportamento da imitare. Dunque, la *syneìdesis* non solo è testimone che giudica il valore delle azioni, ma è motore e regola soggettiva ed oggettiva dell'atto umano. «Perciò la differenza tra il mondo greco-romano e il nuovo *kòsmos* che si inaugura con Paolo, risiede nel fatto che, se la morale ellenistica insegnava a vivere seguendo solo la voce della coscienza disprezzando l'opinione altrui, i cristiani devono invece preoccuparsi della coscienza dei loro fratelli».[45]

L' autarchia del mondo pagano viene così sostituita da una eteronomia fondata sulla legge dell'amore: «Aspirate ai carismi più grandi! E io vi mostrerò una via migliore di tutte. Se anche parlassi le lingue degli uomini e degli angeli, ma non avessi la carità, sono come un bronzo che risuona o un cembalo che tintinna. E se avessi il dono della profezia e conoscessi tutti i misteri e tutta la scienza, e possedessi la pienezza della fede così da trasportare le montagne, ma non avessi la carità, non sono nulla. Se anche distribuissi tutte le mie sostanze e dessi il mio corpo per essere bruciato, ma non avessi la carità, niente mi giova La carità è paziente, è benigna la carità; non è invidiosa la carità, non si vanta, non si gonfia, non manca di rispetto, non cerca il suo interesse, non si adira, non tiene conto del male ricevuto, non gode della ingiustizia, ma si compiace della verità. Tutto copre, tutto crede, tutto spera, tutto sopporta» (1Cor 12,31- 13,7).

Passando in rassegna i vari padri della Chiesa e gli autori ecclesiastici, possiamo fare un elenco variegato di attributi riferibili alla coscienza: «Questa può essere pura (Clemente Alessandrino, *Pedagogo* II,1,8,4; Cirillo di Gerusalemme, *Catechesi Mistagogiche* IV, 9), buona (Gregorio di Nissa, *Epistola* III, 2; Clemente *Alessandrino*) o cattiva (*Didachè* IV,14), può necessitare di essere purificata (Giovanni Crisostomo *Homilia* II, *de crucem et ladrone*)».[46]

Analizziamo un paio di autori per definire qual era il ruolo della coscienza nella tradizione precedente alla scuola Palestinese di Gaza.

«Se qualcuno non presterà fede alla nuda affermazione (il giuramento), egli accusa e tradisce la propria coscienza».[47] È quanto afferma San Basilio riguardo al giudice interiore, che definisce come *nòmos* della vita morale e come voce di Dio, malgrado la forza contraria delle passioni. Metodio Olimpo, invece, considera la coscienza come un dono dato da Dio, indistintamente, a tutti gli uomini, il quale li tormenta ogni volta che commettono dei peccati o agiscono contrariamente alla giusta ragione.

In conclusione, le caratteristiche della coscienza donano all' uomo la capacità di conoscere Dio, distinguere il bene dal male ed essa stessa è uno sprone ad essere sempre più fervorosi nell'amare Dio: «Macario il cittadino, ad un monaco che gli confessa di essere disperato perché una vergine mangiando una volta ogni cinque giorni, riesce a recitare settecento preghiere, mentre lui non riesce a superare le trecento, dice: "Se tu, pur recitando trecento preghiere, ti senti condannato dalla tua coscienza, è chiaro che non preghi con il cuore, o che sei in grado di pregare di più, e non lo fai"».[48]

2.3 Marco il monaco e la scuola di Gaza

Si pensa che Marco il monaco, personaggio velato di mistero, potrebbe aver vissuto negli anni anteriori al 534 d.C. e, non è improbabile, che abbia avuto dei contatti con Doroteo di Gaza. Per questo è utile soffermarci sul suo modo di vedere la coscienza nella vita spirituale. La *syneìdesis* si delinea come luogo soteriologico, dove l'uomo può giungere alla salvezza offertagli, poiché, come Dio è principio e fine di tutte le cose e non si può credere ed operare il bene se non in Cristo e nello Spirito, così la coscienza è un libro da leggere per attingere alla salvezza di Dio e farne esperienza: «Se cerchi un mezzo per guarire, abbi cura della tua coscienza e tutto ciò che essa ti dice fallo, e troverai ciò che ti è utile».[50]

La *kardiognosis* è un'altra prerogativa di Dio e della coscienza, che sono i soli a conoscere i segreti del cuore dell'uomo e possono correggerlo, guidando la persona a realizzare la sua alta vocazione in Cristo. Tutto ciò per Marco il monaco è inscindibile dalla preghiera («una coscienza pura la si scopre per mezzo della preghiera e una preghiera pura per mezzo della coscienza»[51]) e dalla vigilanza sulla propria vita («chi non persiste nella contemplazione della sua coscienza non si sobbarca neppure le fatiche fisiche per la pietà»[51]), senza negare neanche l'aiuto decisivo della grazia, che sveglia la coscienza in maniera divina convertendo il peccatore a Dio. La nozione di libro naturale (coscienza) e la coppia Dio- coscienza, come unici scrutatori dei cuori, è un luogo d'incontro con la scuola di Gaza, ma ci apre ad una particolarità del pensiero marciano, cioè che «il concetto della coscienza altrui che va rispettata non è presente in Marco il monaco, così come invece lo ritroveremo nella scuola di Gaza».[52] Pur non negando l'indicazione di Marco il monaco di osservare i comandamenti e, quindi, di conseguenza di amare il prossimo, possiamo domandarci se il ruolo della coscienza possa essere inserito nella sua direzione spirituale. Anche se affiancato alla *cardiognosia,* non possiamo affermare con certezza che la *syneìdesis* sia direttamente collegata al cammino di direzione spirituale.

2.3.1 Barsanufio e Giovanni di Gaza

«La coscienza tormenta l'anima del peccatore con continui assalti, indica all'uomo ciò che deve o non deve fare e quindi è degna di obbedienza; è garantita dal timor di Dio e chi la calpesta o calpesta la coscienza del prossimo scaccia dal suo cuore le virtù; essa è strumento principe per l'esercizio della *prosoché*, spinge a troncare la propria volontà e a manifestare propri pensieri e i tormenti dell'anima al padre spirituale». [53]

Queste poche righe esprimono il pensiero della scuola palestinese di Gaza riguardo alla direzione spirituale e al dono fatto da Dio all'uomo della conoscenza di sé e del bene e del male. Le fonti che abbiamo sui due personaggi, a cui è dedicato il paragrafo, sono risalenti al rapporto epistolare che legava il maestro Barsanufio, detto il profeta, (morto dopo il

543) e il suo discepolo Giovanni (+543). Il maestro è un monaco recluso, nato in Egitto, di lingua copta, che si stabilì nel cenobio di Seridos[54] di cui condusse la direzione dei monaci verso i primi anni del VI secolo. Giovanni abitò per diciotto anni nella prima cella dell'anziano, che lasciò con la sua morte, seguita poi dalla caduta di Barsanufio in un totale silenzio. Da alcuni punti dello epistolario si può evincere che l'autorità esercitata dal grande anziano (Barsanufio) ha dei tratti diversi da quella che Giovanni esercita sui suoi discepoli, poiché il primo si relaziona con forza carismatica, mentre il secondo si propone come rappresentante di una istituzione, ruolo abituale del padre spirituale nella realtà del monachesimo quattrocentesco.

Il termine *syneìdesis* compare per la prima volta in una lettera indirizzata a Giovanni di Beersheva da Giovanni di Gaza, in cui «egli dice che vedrebbe volentieri il discepolo: "Perdonami, per amore del Signore, perché io desidero vederti, ma a motivo della coscienza degli altri non mi sento libero di farlo";[55]per non turbare alcuna coscienza disubbidendo alla regola del cenobio».[56] Un' altra sfumatura è quella di conformare le proprie azioni alla coscienza, manifestandole al padre spirituale, intraprendendo un vero cammino di perfezione che giunga alla sottomissione verso tutte le cose, elemento indispensabile per una vera libertà da sé stessi e da ogni necessità: «nella lettera 276 Doroteo domanda a Giovanni: "In realtà, padre, io non mi considero al di sotto di ogni creatura; ma quando esamino la mia coscienza, mi trovo tenuto ad essere al di sotto di ogni creatura; è anche questa un illusione dei demoni?" La risposta di Giovanni è la seguente: "Ora fratello, hai appena cominciato un poco a camminare dritto: è questa infatti la verità. Iddio ti porti a considerare te stesso inferiore a ogni creatura"».[57]

L' accompagnamento spirituale palestinese ha in sé dei risvolti molto pratici ed abbraccia diversi ambiti della vita concreta, come il cibo e il corpo, considerato da Barsanufio *ergaleion* dell'anima.

«Un fratello chiede a Giovanni di spiegargli cosa vuol dire che "ciascuno si comporta come può, anzi secondo la fede che ha", e sentiamo qual è la risposta: "Se Dio ha santificato tutte le cose e le ha purificate perché i fedeli vi partecipino, bisogna prendere parte con rendimento di grazie alle cose che ci presentano senza fare discriminazioni. Ciò che è puro e santo infatti non danneggia nessuno, salvo colui la cui coscienza e diffidenza temono che sia nocivo"».[58]

Non è raro che anche dei laici chiedano consiglio a questi maestri di spirito. Ad esempio, un tale chiede a Giovanni come debba comportarsi verso una persona che gli ha sottratto del denaro affidatogli, per donarlo ai padri o ai poveri. Il padre risponde di osservare il pensiero di quella terza persona e, se è disponibile a ricevere l'accusa, allora si può procedere con mitezza nel riprendere il denaro, facendo valere i propri diritti, ma, se non è disponibile al richiamo, è meglio evitare di intervenire per non turbare la sua coscienza: «Ma se non accetta l'accusa, non ferire la sua coscienza [...]; lasciargli piuttosto tenere quello che ha preso».[59]

Dunque, il metodo usato in ogni situazione, sia nei confronti di sé stessi, sia nei confronti degli altri, è alimentato dalla discrezione, la quale deve guidare alla libertà della coscienza personale ed al rispetto di quella altrui, essendo il nostro agire spinto sempre e comunque dallo amore: *caritas Christi urget nos* (2Cor 5,14).

2.3.2 Doroteo di Gaza

Dopo essere stato sotto l'egida spirituale dei due anziani di Gaza, Barsanufio e Giovanni, ed in seguito alla morte di quest' ultimo e al successivo isolamento di Barsanufio, Doroteo decise di fondare un cenobio tra Gaza e Maiouma.

Tomas Spidlik «collega il ruolo della *syneìdesis* alla rinuncia alla propria volontà»,[60] ponendosi il problema di conciliare la figura del superiore con quella del padre, il cui compito è di aiutare il diretto a purificare la coscienza, senza sostituirla con qualcosa d'altro, per portare il rapporto di direzione a buon fine.

La coscienza è per Doroteo la facoltà più viva e luminosa che Dio ha donato all'uomo, poiché gli permette di distinguere tra il bene e il male. Dunque, nel soggetto esiste una norma morale che non proviene dall'uomo, che la persona non si dona, ma alla quale deve dare ascolto, poiché è inscritta nel suo cuore: «Quando Dio creò l'uomo, depose in lui un qualcosa di divino, una specie di facoltà più ardente e luminosa, una scintilla per illuminare la mente e indicare il bene e il male».[61] Purtroppo il maestro di Gaza è cosciente che gli uomini possono, con i loro peccati, annebbiare la coscienza. Ecco perché si rivela necessaria la istituzione di una legge scritta, che affianchi quella già infusa nel cuore dell'uomo: «E noi ora possiamo o seppellirla di nuovo oppure obbedirle e lasciare così che brilli e ci illumini. Se disprezziamo la nostra coscienza infatti, quando ci dice di far qualcosa, e quando ce lo ripete di nuovo non lo facciamo ma continuiamo a calpestarla, finiremo per seppellirla, e allora la coscienza schiacciata dal peso non potrà più parlare chiaramente, ma comincerà a farci vedere le cose in maniera confusa».[62]

Per Doroteo la coscienza è diventata un elemento primario nel cammino di santità al punto che ascoltare la propria coscienza, educata dal padre e purificata, significa incamminarsi verso la salvezza. Il padre ha il compito di guidare il diretto ad una autoanalisi di sé, solo così sarà «un vero e proprio direttore o maestro di coscienza».[63]

2.3.3 Il Magistero odierno

Perché questo testo possa dare un contributo quanto a chiarezza ed ortodossia, riportiamo alcuni estratti di Magistero che definiscono cos'è la coscienza e che ci aiutano a chiarire qual è il suo ruolo e come si debba intervenire su di essa, nell'odierna direzione spirituale: «Il rapporto che esiste tra la libertà dell'uomo e la legge di Dio ha la sua sede viva nel "cuore" della persona, ossia nella sua coscienza morale: "Nell'intimo della coscienza - scrive il Concilio Vaticano II - l'uomo scopre una legge che non è lui a darsi, ma alla quale, invece, deve obbedire e la cui voce, che lo chiama sempre ad amare e a fare il bene e a fuggire il male, quando occorre, chiaramente dice alle orecchie del cuore: "Fa' questo, fuggi quest'altro". L'uomo ha in realtà una legge scritta da Dio dentro il suo cuore: obbedire ad essa è la dignità stessa dell'uomo, e secondo questa egli sarà giudicato (cf. Rm 2, 14-16)». Per questo, il modo secondo cui si concepisce il rapporto tra la libertà e la legge si collega intimamente con l'interpretazione che viene riservata alla coscienza morale. In tal senso le tendenze culturali, che contrappongono e separano tra loro la libertà e la legge ed esaltano in modo idolatrico la libertà, conducono ad una interpretazione "creativa" della coscienza morale, che si allontana dalla posizione della tradizione della Chiesa e del suo Magistero. Secondo l'opinione di diversi teologi, la funzione della coscienza sarebbe stata ricondotta, almeno in un certo passato, ad una semplice applicazione di norme morali generali ai singoli casi di vita della persona. Simili norme, però, non possono essere in grado di accogliere e di rispettare l'intera irrepetibile specificità di tutti singoli atti concreti delle persone; possono anche, in qualche modo, aiutare una giusta valutazione della situazione, ma non possono sostituire le persone nel prendere una decisione personale su come comportarsi in determinati casi particolari. Anzi, la predetta critica alla tradizionale interpretazione della natura umana e della sua importanza per la vita morale, induce alcuni autori ad affermare che queste norme non sono tanto un criterio oggettivo vincolante per i giudizi della coscienza, quanto piuttosto una prospettiva generale che aiuta, in prima approssimazione l'uomo nel dare una sistemazione ordinata alla sua vita personale e sociale. D'altra parte, viene esaltato al massimo il valore della coscienza, che il Concilio stesso ha definito «il sacrario dell'uomo, dove egli si trova solo con Dio, la cui voce risuona nell'intimità propria». Tale voce induce l'uomo non tanto a una meticolosa osservanza delle norme universali, quanto a una creativa e responsabile assunzione dei compiti personali che Dio gli affida. Volendo mettere in risalto il carattere "creativo" della coscienza, alcuni autori chiamano i suoi atti non più con il nome di «giudizi», ma con quello di «decisioni»: solo prendendo «autonomamente» queste decisioni l'uomo potrebbe raggiungere la sua maturità morale.[64]

La coscienza opera inoltre un giudizio: «dà la testimonianza della rettitudine o della malvagità dello uomo stesso, ma insieme, anzi prima ancora, essa è testimonianza di Dio stesso, la cui voce e il cui giudizio penetrano l'intimo dell'uomo fino alle radici della sua anima, chiamandolo *fortiter et suaviter* alla obbedienza: "La coscienza morale non chiude l'uomo dentro una invalicabile e impenetrabile solitudine, ma lo apre alla chiamata, alla voce di Dio. In questo, non in altro, sta tutto il mistero e la dignità della coscienza morale: nell' essere cioè il luogo, lo spazio santo nel quale Dio parla all'uomo". La coscienza, come giudizio ultimo concreto, compromette la sua dignità quando è colpevolmente erronea, ossia "quando l'uomo non si cura di cercare la verità e il bene, e quando la coscienza diventa quasi cieca in seguito all' abitudine al peccato". Ai pericoli della deformazione della coscienza allude Gesù, quando ammonisce: "La lucerna del corpo è l'occhio; se dunque il tuo occhio è chiaro, tutto il tuo corpo sarà nella luce; ma se il tuo occhio è malato, tutto il tuo corpo sarà tenebroso. Se dunque la luce che è in te è tenebra, quanto grande sarà la tua tenebra!" (Mt 6,22-23). La coscienza deve essere educata e il giudizio morale illuminato. Una coscienza ben formata è retta e veritiera. Essa formula i suoi giudizi seguendo la ragione, in conformità al vero bene voluto dalla sapienza del Creatore. L'educazione della coscienza è indispensabile per esseri umani esposti a influenze negative e tentati dal peccato a preferire il loro giudizio e a rifiutare gli insegnamenti certi.

La direzione spirituale è uno strumento importante per realizzare una coscienza formata al bene, questa formazione poi si rivela necessaria per una persona consacrata: "L'educazione della coscienza è un compito di tutta la vita, essa dischiude all' individuo la conoscenza e la pratica della legge interiore, riconosciuta dalla coscienza morale. Un'educazione prudente insegna la virtù; preserva o guarisce dalla paura, dall' egoismo e dallo orgoglio, dai risentimenti della colpevolezza e dai moti di compiacenza, che nascono dalla debolezza e dagli sbagli umani. La coscienza formata garantisce la libertà e genera la pace del cuore. In quest'opera di edificazione della coscienza la Parola di Dio è la luce sul nostro cammino; la dobbiamo assimilare nella fede e nella preghiera e mettere in pratica. Dobbiamo anche esaminare la nostra coscienza rapportandoci alla Croce del Signore. Siamo sorretti dai doni dello Spirito Santo, aiutati dalla testimonianza o dai consigli altrui, e guidati dall'insegnamento certo della Chiesa"» (cf. CCC 1783-1784- 1785).

Da quanto è emerso possiamo asserire con certezza che il rapporto di direzione spirituale non può esimersi da una formazione di coscienza che abbia come punti di forza la Parola di Dio, la preghiera e la pratica delle virtù, elementi tipici di un itinerario di formazione di persone consacrate.

Prendiamo in considerazione la testimonianza di come Cristo e lo Spirito siano sempre gli stessi per fare nuove tutte le cose: "Quanto a Te devi fare obbedienza e non fidarti del tuo cuore, perché le antiche passioni lo hanno reso cieco [...] fa violenza a te stesso in ogni cosa e spezza la tua volontà [...] perché non vorrai più che le cose avvengano secondo la tua volontà, ma vorrai quel che accade. [...] Credi che tutto quello che ci riguarda avviene per disegno di Dio».[65]

A conclusione di questo capitolo, poniamo a confronto sinottico le varie sfaccettature che hanno contribuito a chiarire cosa è la coscienza:

Filosofia greca	*Paolo-* *Primo cristianesimo*	*Marco il monaco e scuola di Gaza*	*Magistero odierno*
La coscienza è un tribunale interiore infallibile ed innato	Non solo giudice, ma è motore e regola soggettiva e oggettiva dell'atto umano, rispettando la coscienza altrui. soggetta alle passioni, dunque ha bisogno di essere purificata può essere buona o cattiva.	Luogo di salvezza libro dell'anima facoltà che accompagnata dalla discrezione deve portare alla libertà personale e rispetto altrui	Il sacrario dell'uomo, araldo di Dio nell'uomo, ciò che dice proviene da Dio, ma non da lei Portatrice di un giudizio pratico, ossia un giudizio che intima che cosa deve fare o non fare l'uomo, oppure valuta un atto da lui ormai compiuto È un giudizio che applica ad una situazione concreta la convinzione razionale che si deve amare e fare il bene ed evitare il male

3. I Padri del deserto: un metodo attuale ed attuabile

Nella nostra riflessione sulla direzione spirituale è importante soffermarsi su come «il tema dell'assistenza spirituale è diventato un tema centrale della spiritualità»[66] e «in molti cercano un assistente che li accompagni nel cammino spirituale».[67] Dobbiamo, però, notare che il ruolo dell'assistente è accolto secondo i canoni propri della spiritualità ignaziana, che si rifà agli esercizi spirituali, lì dove compito del maestro è guidare alla scoperta della volontà concreta di Dio, conducendo gli uomini ad analizzare con attenzione i propri moti interiori. Da questo si capisce come Ignazio concepisca l'uomo come un chiamato ad agire, riconoscendo l'azione della grazia, affinché possa obbedirgli. La tradizione monastica parla meno della volontà di Dio e della responsabilità verso questo mondo, ma ha come baricentro della direzione o accompagnamento spirituale il come si può ottenere la grazia atta alla salvezza ed alla santificazione. Questa prospettiva, ben lontana da ogni ascetismo intimistico, da semi-pelagianesimo, o da desiderio di una perfezione fine a sé stessa, apre l'uomo alla ricerca della sua vera vocazione: essere come Dio lo ha pensato e concepito dall'eternità (Ef 1,4). Se si considera il metodo dei monaci in quest'ottica, cadono tutte le accuse che si imputano ai Padri del deserto di condurre un accompagnamento spirituale staccato dalla Bibbia o dall'esempio di Cristo, poiché «è Cristo che rivela l'uomo all'uomo» (GS 22), cioè gli dona il suo vero *sensus vitae*; nondimeno la Bibbia partorisce le pagine più belle sulla vita umana, tenendola sempre in connessione con il suo fine ultimo: Dio e il Suo amore.

A nostro avviso, quindi, il metodo dei padri, che consigliano di esercitarsi in modo pratico per avviare il processo del divenire sé stessi, mettendo il postulante di fronte alla verità ed inducendolo a presentarsi a Dio con tutti i suoi pensieri e sentimenti, la dice lunga su quanto questi uomini fossero veramente tali e, quindi, fossero pieni di Dio. «I primi monaci parlavano meno della volontà di Dio, come avviene nella spiritualità ignaziana, e della responsabilità verso questo mondo. A loro premeva piuttosto la questione: "Come posso ottenere la grazia, come posso essere salvato?"»[68]

3.1 Dalla teologia alla prassi: l'aiuto di Agostino di Ippona

Abbiamo accennato al fatto che la domanda centrale dei monaci del deserto verteva sul come avere, o quantomeno, come aprirsi alla grazia di Dio. Prima di introdurci nella disamina della pratica nella quale i monaci orientali erano maestri, è arricchente attingere ad un altro maestro che ha teorizzato e vissuto il rapporto tra l'uomo e la grazia, relazione necessaria e fondamentale per ogni accompagnamento spirituale o cammino di perfezione che possa dirsi tale. Agostino, scrivendo al monaco Valentino e ai suoi seguaci, che «nella loro predicazione osano negare la grazia di Dio e si provano ad eliminarla per rivendicare il libero arbitrio dell'uomo»[69], afferma come ci sia un intimo rapporto tra libertà dell'uomo e la grazia e come l'una non neghi l'altra.

Le stesse Scritture ci rivelano la presenza del libero arbitrio nello uomo, innanzitutto quando Dio dà dei precetti, i quali, per loro definizione, devono essere adempiuti con la libera volontà dell'individuo. È proprio la presenza di questo che imputa agli uomini il male e li rende «inescusabili, se non riferendosi a quella scusa che l'umana superbia ha l'abitudine di addurre: "Se avessi saputo, lo avrei fatto; non l'ho fatto appunto perché non lo sapevo"?»,[70] poiché la persona conosce il precetto, cioè il bene da compiere, ed ha la facoltà di farlo o non farlo. «Il Signore dice nel Vangelo riguardo ai Giudei: "Se io non fossi venuto e non avessi parlato loro, non avrebbero alcun peccato; ma ora non hanno giustificazioni per il peccato"».[71]

I precetti, quindi, rivelano la capacità di libera scelta nell'uomo, proprio per la loro costituzione. Infatti, se Dio comanda vuol dire che c'è la possibilità di eseguire il comando e che il rispetto di questo chiama in causa la volontà: «Non voler essere vinto dal male; e altri simili, come: "Non vogliate diventare come il cavallo e il mulo, che non possiedono l'intelletto"; poi: "Non voler respingere i consigli della madre tua"».[72] Anche il Nuovo Testamento è pieno di detti di Gesù o di citazioni paoline che richiamano alla sequela, alla povertà, alla testimonianza e al dominio di sé, sempre però mediati da ciò che, costitutivamente nell' uomo, li rende possibili: il libero arbitrio della volontà.

Il Vescovo di Ippona è, dunque, assertore di una verità che vede la grazia non opposta al libero arbitrio. Egli, però, conosce il pericolo che i fondamenti biblici prima enunciati possano portare a sminuire il ruolo della grazia nelle scelte della persona. L'aiuto di Dio, infatti, risulta indispensabile per vivere santamente; credere che tutto quanto di bene in noi è grazia, preserva l'uomo dal «gloriarsi di sé stesso e non nel Signore e riporre nella sua persona la speranza di vivere rettamente».[73] Avverrebbe così quello che accadde al tempo di Geremia, che disse: «Maledetto quell'uomo che ha sperato nell'uomo e fa forza nella carne del braccio suo, mentre il suo cuore si allontana dal Signore» (Ger 17,5). Al termine carne, in questo caso, bisogna riferire la fragilità creaturale, la quale da sola non può sostenere un cammino che porti alla salvezza.

3.1.1 L'azione della grazia

A questo punto è necessario chiarire come, da un punto di vista scritturistico, la grazia interviene nella libertà dell'uomo. Agostino, in modo retoricamente mirabile, confuta i valentiniani con questo pensiero: «Quando i discepoli obiettarono ai ragionamenti del Signore: "Se tale è la condizione dell'uomo rispetto alla donna non conviene sposarsi", Egli rispose: "Non tutti comprendono questa parola, ma solo quelli ai quali è concesso"».[74] Con questo il santo retore vuol dire ai monaci eretici, che loro stessi non vengono ammessi in monastero se non osservano il voto di castità e lo fanno nel pieno possesso delle loro facoltà e volontà, come Paolo scrive a Timoteo, ma non tutti comprendono ciò che fanno. Quindi, Egli non potrà operare ciò che vuole con coloro cui non è concessa la grazia, mentre coloro a cui è accordata, potranno portare a termine ciò che hanno voluto. «Ora il fatto che questa parola, che non è compresa da tutti, sia compresa da alcuni, è insieme dono di Dio e libero arbitrio».[75] Non si può neanche cadere in ciò che affermava Pelagio, per cui la grazia ci è data per i nostri meriti; infatti il nostro merito non risiede nell' essere con Dio, ma nel fatto che lo cerchiamo; «e secondo questo merito ci è concessa la Sua grazia affinché lo troviamo».[76] Il punto di forza del pelagianesimo sta nelle parole che dette a Salomone: «E tu, Salomone, riconosci Iddio, e servilo in perfezione di cuore e con anima volenterosa [...] se lo cercherai, ti si rivelerà, se lo abbandonerai, ti respingerà in perpetuo (1Cr 28,9)».[77] L'errore smascherato da Agostino consiste nel far risiedere il merito nel cercare e la grazia nel rivelarsi di Dio, tanto che la grazia non sarebbe più grazia, ma un debito che Dio contrae verso le nostre opere buone. L'aiuto divino è, quindi, necessario, poiché senza di esso il libero arbitrio non innalzerebbe, ma schiaccerebbe l'uomo, il quale necessita di sostegno sia per passare dalla empietà alla giustizia, sia per rimanervi, come è scritto nel Cantico dei Cantici: «Chi è questa che viene, resa candida, appoggiandosi al suo diletto?».

3.1.2 Legge e Carità

I pelagiani sostenevano che la legge si identificasse con la grazia di Dio, andando, però, nettamente contro quanto dice l' Apostolo quando afferma che è proprio la legge che uccide l'uomo e dà forza al peccato per schiacciarlo: «Tuttavia esso (il precetto) lo uccide e per mezzo di ciò che è buono gli produce la morte».[78] Credere e vivere nella certezza che è lo Spirito che dà vita ed efficacia alle nostre azioni, ci permette di non inorgoglirci riguardo i nostri atti di virtù, mortificando le opere della carne per avere la vita e lodare, ringraziare Colui che ci guida come figli. La figliolanza divina, quindi, consiste nel non confidare nelle proprie capacità, ma nell' accogliere la grazia di Dio, sottomettendosi e facendosi impregnare dalla giustizia, secondo la fede e non in base alla legge. Da questo passaggio, Agostino afferma che la nostra volontà deve essere coadiuvata dalla grazia, se vuole raggiungere la sua pienezza. Sia Paolo che Agostino, l'uno verso i giudei, l'altro verso Pelagio, intendono sancire che la legge deve essere sottoposta a Cristo; d'altro canto ogni persona, consacrata e non, deve capire che la legge del digiuno, della preghiera, della penitenza, pur essendo capisaldi intramontabili della spiritualità, devono essere sottoposti all'amore di Dio. Paolo dice di considerare immondezza ciò che per Saulo era un vanto, poiché ciò proveniva dalla legge e da una sua giustizia personale.

Agostino, commentando questo passo, chiede perché: «La legge in sé non era sua, ma di Dio, però la chiamava sua».[79] L'Apostolo la chiamava sua, perché pensava che potesse adempierla con la sua volontà, senza l'aiuto della grazia; dunque, la giustizia, derivante dalla legge, è la sua giustizia, dove il libero arbitrio si rende autonomo dall' aiuto divino, rendendosi schiavo del precetto e del peccato che lo stesso rivela e che non dà la forza di superare. La giustizia, per mezzo della fede in Cristo, ci apre al vero volto di Dio, ponendosi al centro della propria vita spirituale: «Essi con ciò non riconoscevano la giustizia di Dio, cioè non la giustizia di cui è giusto Dio, ma quella che proviene agli uomini da Dio»:[80] la misericordia.

Se facciamo riferimento al passo di Dt 6,4-7, notiamo che anche la legge mosaica era condizionata e finalizzata all'amore e «che se uno pensasse di fare alcunché di buono, ma lo facesse senza carità, in nessun modo agirebbe bene».[81] Nella riflessione teologica agostiniana, finalizzata a confutare gli errori di Pelagio, si parte dal presupposto che i precetti sono dati poiché nell'uomo c'è il libero arbitrio e che il motore primo, (di questo) che l'orienta verso Dio, è la grazia di Dio stesso. Nella prima lettera di Giovanni troviamo la forte raccomandazione all' amore vicendevole. È proprio questo il punto di forza dell'eresia, perché i pelagiani fondavano qui la facoltà propria dell'uomo di amare. Agostino li smentisce con facilità, dicendo che nei versetti successivi è scritto che l'amore viene da Dio. Dunque, dobbiamo amarci a vicenda, ma l'amore viene da Dio, non da noi: «E se con questo precetto non si esorta il libero arbitrio a chiedere il dono di Dio? Ma il libero arbitrio di sicuro subirebbe l'esortazione senza alcun frutto se prima non ricevesse una certa parte d'amore, grazie al quale chiede che questo amore gli sia accresciuto fino ad adempiere ciò che è ordinato».[82]

Questa disputa è il prodromo di quella che sarà la diatriba su *de auxiliis*[83] ed è anche il caposaldo di quello che sarà l'accompagnamento spirituale dei monaci del deserto, dare degli «esercizi volti ad avviare il processo di divenire sé stessi»,[84] cioè essere santi e immacolati nella carità di Colui che per primo ci ha amati.

3.2 Dirigere, consolare, incoraggiare

Come abbiamo già visto in precedenza, il metodo dei Padri è profondamente umano, poiché si fonda sul non condannare, né rendere tristi, senza caricare il diretto di pesi derivanti dalle sue ferite, che non potrebbe portare. Il maestro, prima di far notare i difetti, li copre, pur infondendo coraggio nell'affrontarli e superarli. Inoltre è necessario tener conto dei tempi del discepolo, della sua capacità di comprensione, anche in relazione alla propria verità. In questo caso un pensiero perfezionistico, che vuole tutto e subito e come vuole lui, non si addice affatto all'accompagnatore spirituale. A questo proposito si può prendere ad esempio quanto afferma un maestro, riguardo all' incoraggiare: «Perciò Poemen loda colui che coltiva il proprio campo dandone in elemosina i prodotti. Quando l'abate Anub, un monaco severo, lo viene a sapere, rimprovera Poemen perché, a suo dire, l'agricoltura non si addice ad un monaco. Quando Poemen lo ha riferito al fratello, quello si è molto rattristato. Allora Poemen critica l'abate Anub: "Sapevo anch'io fin da principio che non è lavoro da monaci, ma ho parlato conforme al suo pensiero e gli ho dato ardore nel progresso della Carità. Ora invece se ne è andato afflitto e continua a fare lo stesso"».[85]

Il direttore, perciò, deve intuire ciò che si addice al cammino dell' altro, non sommergendo di ideali ed esercizi spasmodici chi ha di fronte, ma scoprendo «l'uomo concreto per capire come questi possa trovare la sua strada verso la vita e l'amore».[86] Essere all'altezza del proprio ruolo di

Padre, significa consolare e rinfrancare chi è nell'errore e vuole venirne fuori, senza muovere accuse alla debolezza altrui, ma concludere i colloqui con le parole «coraggio, vai avanti», affinché nessuno se ne vada rattristato e avvilito. Chi guida spiritualmente deve essere a conoscenza dello stato d'animo di una persona che ha fallito o che vede i suoi sforzi perdersi nel vuoto, per questo è necessario usare il metodo e la logica dell'incarnazione. «"Padre cosa devo fare? Sono tribolato dalla fornicazione. Ed ecco sono andato dal padre Ivistione, e mi ha detto: "Non devi lasciarla indugiare su di te". Dice a lui il padre Poemen: "Il padre Ivistione e le sue opere sono in alto con gli angeli e non vede che io e te siamo nella fornicazione. Se il monaco trattiene il ventre e la lingua e si tiene estraneo al mondo, fatti animo, non morirà"».[87]

Lo stesso Evagrio non dà consigli da un piedistallo, ma dà un nome alle sue tentazioni e si mette allo stesso livello del discepolo. Egli stesso dice ad una ragazza affetta da una forte tristezza, derivata da poco affetto e comprensione, di essere stato anche lui morso da una vipera, cioè dalla tristezza. «Soltanto dopo aver confessato la tristezza che opprime anche lui, Evagrio può dare questo consiglio: "Sii dunque longanime quando chiami ed esitano a risponderti. Anche questo fa parte delle tentazioni. Infatti sta scritto: "Chiamo il mio servo ed egli non mi obbedisce". E se poi un tuo conoscente ti tiene in scarsa considerazione, non te né stupire"».[88]

Per quanto riguarda questo metodo dobbiamo fare alcune considerazioni: è importante mettere il diretto a suo agio e non dare consigli da un piedistallo, ma rivolgendosi con una materna misericordia e comprensione, però, è allo stesso modo importante mantenere i ruoli ben distinti, cosa che potrebbe essere inficiata dall'esporre al discepolo le proprie difficoltà, interpretandole come una giustificazione o minimizzazione di quelle del diretto. A nostro avviso la logica incarnatoria è sempre la migliore da considerare, poiché Cristo assume la nostra carne e il nostro sangue, ma rimane sempre Dio, non travestito di divinità. Per derivazione sarà utile all' accompagnatore spirituale porsi con umanità e comprensione nei confronti del discepolo, senza svendere la sua autorità, dimenticando che egli rappresenta Dio ed è strumento dello Spirito Santo, che deve essere portatore di quel fuoco che il Signore avrebbe voluto vedere acceso e che egli deve alimentare nel cuore dell'accompagnato.

«Una volta, un fratello, che era sfiduciato e tentato verso la fedeltà al carisma del suo istituto, disse al padre Meridio più anziano: "Mi sento lasciato da parte, è come se non esistessi, e questo mi provoca tristezza che porta alla divisone e al rancore". Il padre, rispose: "Vedi, una volta, un anziano della nostra fraternità mi disse che provava ciò che stai provando tu in questo momento, ma quando la madre lo andò a trovare, al momento del saluto lo abbracciò e gli disse: "Figlio mio sono tanto contenta, chiunque incontro in questa casa mi dice bene di te"; allora egli ricevette nel suo cuore quell' olio di nardo che bagnò il capo del Signore." Il giovane fratello se ne andò rincuorato e l'anziano fu felice di averlo aiutato e di aver tenuto nascosto il suo piccolo grande segreto».

3.2.1 Altri metodi

Un' altra modalità di rinvigorire e animare il cammino di perfezione è quella di metter davanti a situazioni concrete ed evidenziare come queste possano gestirsi: «Così un anziano racconta ad un fratello, totalmente confuso e scoraggiato dopo un passo falso, la storia di un giovane che doveva ripulire un campo incolto da cardi e rovi. Il giovane è avvilito, perché il campo è così pieno di erbacce. Allora il padre gli dice: "Figlio mio, lavora dunque ogni giorno il pezzo di terreno che occupi dormendo. Progredirai nel lavoro a poco a poco, senza perderti di coraggio". Il giovane fece come gli era stato detto e in breve tempo la proprietà fu ripulita. Così tu, fratello mio, fa un poco per volta e non ti scoraggerai».[89]

Questo modo di operare infonde speranza e tranquillità nell'animo e deve essere accompagnato dalla convinzione che i nostri atti non sono mai del tutto puri nelle intenzioni. È necessario che «ammettiamo in tutta umiltà che le granaglie che seminiamo sono impure a causa delle nostre motivazioni egoistiche»,[90] ma ciò nonostante porteranno frutto. Chi, infatti, considera possibile poter pretendere dal discepolo assoluta limpidezza e amore incondizionato, lo appesantisce e rattrista o lo porta a reprimere le sue esigenze, esprimendole in modo inconscio. D'altro canto chi ritiene di poter essere assolutamente altruistico in ciò che fa, non si accorge di esercitare il potere in modo da condizionare gli altri con il suo amore. Il padre Poemen è maestro di cautela e benevolenza, capace di gestire «le esigenze e desideri repressi, che nell'inconscio hanno un effetto distruttivo»,[91] ma «nel momento in cui prendiamo coscienza dei nostri secondi fini, questi non sono più pericolosi»[92]: «Un fratello disse al padre Poemen: "Se do a un mio fratello un po' di pane o qualche altra cosa, subito i demoni macchiano questa azione, come se fosse fatta per piacere agli uomini". Gli dice l'anziano: "Anche se è fatta per piacere agli uomini, avremo tuttavia dato al fratello ciò di cui aveva bisogno". E gli raccontò questa parabola: "Vi erano due agricoltori che vivevano nella stessa città. L'uno, dopo aver seminato ricavò un po' di raccolto non puro. L'altro, che non si era dato cura di seminare, non ricavò assolutamente nulla. Se sopraggiunge una carestia, chi dei due avrà da vivere?" "Quello che ha avuto il raccolto scarso e non puro", rispose il fratello. Dice l'anziano: "Seminiamo anche se impuro, per non morire di fame"».[93]

Altro metodo tramandatoci dai monaci del deserto è quello di metterc davanti alla possibilità e necessità della tentazione e del fallimento, poiché l'una dimostra che possiamo avanzare solo per la grazia di Dio, mentre l'altro ci fa conoscere la Sua misericordia. Entrambi questi passaggi obbligati per il cammino di santità ed il modo con cui rapportarsi ad essi sono evidenziati con degli esempi, che i maestri pongono ai giovani preoccupati per la lotta contro le tentazioni, che trova la sua risoluzione in questo atteggiamento di fondo: «Tutto può esistere. Le tentazioni possono esistere. Tienine conto e non ti condannare per questo, bensì confida in Dio! [...] Anche il fallimento e la colpa possono esistere. Quando fallisci, non ti condannare, ma rialzati sempre confidando nella grazia di Dio!»[94]

3.3 Condurre con prudenza alla verità

Sembra impossibile, ma in talune circostanze, i padri del deserto esercitano un «metodo dialogico non direttivo»,[95] quasi ad anticipare di millecinquecento anni Cari Rogers[96] «che ha sviluppato questo tipo di terapia e vede il compito dell'assistente nella "attivazione delle forze di auto-guarigione della psiche, vale a dire nella creazione delle condizioni che mettono l'interessato in grado di ritrovare il proprio io"».[97]

Nel 1944 si trasferisce a Chicago, sua città natale, dove fonda il primo counseling center, all'interno del quale effettua, oltre alla terapia, anche la ricerca. Da questa ricerca nasce, alcuni anni dopo, il libro "Client - centered - Therapy", testo fondamentale e manifesto del pensiero di

Rogers. In questo libro vengono, infatti, ampliate tematiche già affrontate in "Counseling and Psychotherapy".

I padri lasciano al postulante di trovare la risposta, permettendo che egli spieghi e manifesti, ciò che pensa, senza contraddirlo, facendo poi delle domande in proposito. Solo così è possibile far giungere il giovane a prendere possesso della propria verità; inoltre presentando il suo modo di vivere, l'anziano riuscirà a far capire al discepolo la problematicità del suo comportamento.

«Un altro anziano mostra a un fratello le sue vere intenzioni, ripetendone le parole e spiegandole ad ogni ripetizione. Il fratello gli dice: "Padre voglio trovare un anziano proprio come dico io e rimanere presso di lui". L'anziano dapprima gli dà ragione, ma poi gli chiede: "Quando, dunque, trovi un anziano secondo i tuoi desideri, vuoi rimanere presso di lui?". Quello rispose: "Sì, è proprio questo che desidero, purché ne trovi uno come dico io". "Allora tu non vuoi seguire la volontà dell'anziano, ma pretendi che sia lui a conformarsi alla tua, e così saresti contento?"».[98] In questo caso, l'obiettivo è portare gradualmente il diretto a cogliere l'egoismo che si evidenzia dalle sue parole, attraverso le ripetizioni, che finiscono per smascherare la vera intenzione di chi è ascoltato.

Altro sistema può essere quello di valutare le parole di chi si nasconde dietro una facile retorica spirituale e dimostrare al fratello che c'è qualcosa che non va nel suo comportamento, nelle sue reazioni che, osservate attentamente, denotano una devozione ipocrita, impregnata di «orgoglio che vuole apparire pio agli occhi degli altri, ma cieco alla propria realtà».[99] «"Un fratello, per esempio, si reca dall'abate Serapione definendosi sempre e soltanto un indegno peccatore". L' abate, per metterlo alla prova, gli dice di restare in cella e provvedere a sé stesso, il giovane monaco si inquieta e la sua umiltà scompare: "Cambiò di aspetto, tanto che ciò non poté sfuggire all'anziano: "[...] Ti sei tanto inferocito, perché ti ho ripreso con amore? Se vuoi essere umile, impara a sopportare con fortezza ciò che ti viene dagli altri e non gettare su di te vane parole"».[100] Ogni accompagnatore spirituale, dunque, deve aver presente che non sempre la devozione e le pratiche di pietà possono essere veritiere ed indicatori di una spiritualità salda, così anche le belle parole possono illudere. Se qualcuno non accoglie i rimproveri subiti è evidente che le pie pratiche sono un modo per crescere nell'autostima e non nell'amore verso Dio; anche le emozioni forti, come l'ira e la rabbia, che possono generarsi anche in chi ha un temperamento tendenzialmente flemmatico[101] ed è scambiabile per una persona umile, «dimostrano che la motivazione non concorda con la vita spirituale, che esistono ancora interessi egoistici e non la ricerca di Dio».[102]

Un altro punto tipico, che la spiritualità del deserto utilizza per smascherare la bontà dell'intenzione, che il monaco riesce a mettere in atto quando è provato, è verificare la capacità di indifferenza verso le cose del mondo per cercare Dio.

Altra tecnica è il silenzio e l'osservazione: «L'abate Zenone una volta ha messo alla prova un grande digiunatore. L'ha fatto andare da lui e senza dire una parola gli si è messo accanto a lavorare. Il digiunatore allora si è spazientito, tormentato dall'accidia. Quando ha cominciato a dire come praticava il digiuno nel proprio villaggio, Zenone gli ha risposto: "Nel villaggio eri nutrito dalle tue orecchie. Ma va adesso, e d'ora innanzi, mangia all'ora nona: e ciò che fai, fallo in segreto"».[103]

Il maestro non persuade il digiunatore con la teoria, ma, mettendolo alla prova con il silenzio, vuole manifestare le sue intenzioni sbagliate e farlo crescere spiritualmente. Riguardo l'osservazione, invece, il padre Poemen porta il giovane monaco a confrontarsi con la propria verità, manifestando i suoi pensieri, pratica spesso necessaria per progredire: "Ecco da tanto tempo vieni qui con dei pensieri da manifestarmi, e quando arrivi non vuoi dirmeli, ma te ne vai ogni volta turbato, portandoli con te. Dimmi, figliolo, cos'è che hai?".[104]

3.3.1 Confronto tra Teologia e Spiritualità

Nel prospetto troviamo in analisi comparata, quanto si è detto sul rapporto grazia - libero arbitrio, confrontandolo con il metodo dei padri.

Pelagio	*Agostino*	*Padri del Deserto*
La grazia ci viene data per i nostri meriti noi cerchiamo Dio adempiendo alla legge, Dio si deve rivelare, questa è la grazia. Errata interpretazione di 1Cor 28,9. *Valentino* Il libero arbitrio non ha bisogno della grazia, ma è in contrapposizione ad essa.	Il libero arbitrio e gli atti umani, hanno bisogno di ricevere la grazia di Dio, per chiedere che questa gli sia aumentata e così accedere ad un amore più grande acquisendo meriti. Il libero arbitrio ha bisogno della grazia per comprendere e scegliere il bene (secondo l'interpretazione del passo evangelico dove i discepoli obiettano a Gesù riguardo il matrimonio.)	Il maestro, infonde coraggio, mette davanti alla possibilità e necessità della tentazione e del fallimento, poiché l'una dimostra che possiamo avanzare solo per la grazia di Dio, mentre l'altro ci fa conoscere la sua misericordia. Il padre porta a cogliere l'egoismo e l'orgoglio che evidenzia dalle parole e le reazioni del discepolo, che smascherano l'intenzione di chi è ascoltato, affinché capisca cambi vita.

Dunque, è bene tener presente che in ogni cammino di santità si verifica l'incontro di due libertà: Dio, con il più libero degli atti, ci dona la grazia santificante, che dispone l'anima al bene in sé stessa ed è posta in relazione alla qualità di *habitus*, poiché «di per sé permanente e difficilmente mutevole».[105] Con questo dono il Creatore costituisce la nostra vita soprannaturale, la quale sorpassa incommensurabilmente quella naturale, poiché la trascende e la inserisce nel cuore di Dio. Questa grazia è elargita in noi in massimo modo nei sacramenti, indispensabili per un cammino di perfezione cristiana, ed è congiunta a noi, tanto che Dio crea il bene in noi, si innamora di ciò che gli assomiglia, onde per cui la grazia che Lui ci dà e a motivo del quale bene ci ama, ci eleva e ci deifica elevandoci a Sé. «Più brevemente: Dio ama con un amore soprannaturale ed assoluto l'uomo, che gli è caro e grato; però, siccome l'amore di Dio è causa di ciò che ama, ne consegue che deve produrre, nell'uomo, la ragione di questa bontà soprannaturale, cioè la grazia».[106]

La grazia, con le virtù infuse e i doni dello Spirito, predispone, aiuta l'uomo ad essere degno di meriti. Il merito, a cui San Tommaso dedica una intera questione composta da dieci articoli, può essere suddiviso in merito *de condigno*, che si fonda su ragioni di giustizia, e quello *de congruo,* che non è fondato sulla giustizia, né sulla sola gratuità. Il merito soprannaturale suppone sempre la libertà e la grazia ed è valutato in ordine alla carità: «Per cui è più meritorio compiere cose facili con una grande carità, anziché portare a termine delle opere molto gravose con una carità minore».[107]

3.4 *Il superamento delle ferite*

Sia nei detti dei padri, sia nella letteratura teologica di questo periodo, troviamo un ampio riferimento alla assistenza spirituale, intesa anche come assistenza terapeutica, cioè l'azione svolta dal maestro che porta il discepolo ad affrontare blocchi e paure esistenziali. Come abbiamo visto in precedenza, i padri usano delle tecniche della psicologia moderna, non saltando il livello umano - psicologico, «ma superando e mostrando come le ferite della vita tocchino anche la nostra relazione con Dio e possano essere sanate quando giungiamo ad un nuovo rapporto con Lui». [108]

Oggi come ieri, un problema ricorrente in molti individui, è la tristezza. A detta dei padri monaci è efficace tenere in considerazione il comportamento che si ha verso gli altri, poiché ci si può liberare dalla tristezza solo non condannando gli altri, quindi, non ponendosi al di sopra di essi, scoprendo poi di non corrispondere ai propri ideali: «Un fratello chiese all'abate Poemen: "Cosa devo fare, perché la tristezza mi opprime". L'anziano gli rispose: "Non guardare nessuno per niente, non condannare nessuno, non calunniare nessuno, e il Signore ti darà la pace" ».[109] Infatti, appena si stima l'altro, si inizia a stimare anche sé stessi, liberandosi da una falsa concezione di sé, che era la causa della tristezza. C'è da considerare come le ferite dell'anima possono essere causate anche da altri uomini e come queste facciano da microscopio capace di guardare nel profondo dell'animo, scrutando le proprie malattie. «Il padre monaco consiglia di affrontare le mie ferite, di guardare attraverso di esse»,[110] considerando «le cose che non ho accettato di me stesso, gli aspetti che ho represso, le esigenze che non ho ammesso, o le illusioni che mi sono fatto sulla vita»;[111] se infatti si vuole essere guariti dalle terribili ferite dell'anima, è necessario sopportare ciò che il terapeuta prescrive. Chi è malato non si lascia amputare o purificare volentieri, conservandone un ricordo sgradito, eppure ogni persona matura e ragionevole sa che senza quella cura non sarebbe stato guarito dalla sua malattia; così, anche nella vita spirituale, «chi sfugge ad un'utile prova, sfugge alla vita eterna».[112] Cristo vuole guarirci non dalle ferite, ma bensì dalla malattia, il che spesso è un atteggiamento di sopravvalutazione di sé e d'autosufficienza verso Dio; così la malattia porta alla luce il proprio rapporto con Dio e come lo si testimonia in questo mondo. In un aneddoto, il maestro Sioses riesce a dissuadere dal vendicarsi un monaco, che aveva ricevuto un torto da un fratello. È indicativo come il monito di lasciare a Dio la vendetta non sortisca l'effetto sperato, ma, al contrario, il consiglio del padre dimostra a cosa porterà la vendetta: «Il fratello aveva risposto: "Non mi darò pace finché non mi sarò vendicato". Disse allora l'anziano: "Preghiamo, fratello!" E alzatosi disse: "O Dio, non abbiamo più bisogno che Tu ti prenda cura di noi, perché ci vendichiamo da soli." A queste parole il fratello cadde ai piedi dell'anziano, dicendo: "Non contenderò più con il fratello; perdonami padre!"».[113]

3.4.1 Tenerezza e senso di colpa

Il desiderio di tenerezza e di amore umano si affaccia anche nei cuori di chi ha scelto di non bramare altro che Dio. Alcune volte lo Sposo della persona consacrata si nasconde a tal punto, che neanche la preghiera riesce a colmare questo vuoto di vicinanza e di intimità umana. I padri consigliano di mettere in atto la tecnica della *meditatio mortis*, usata anche da Origene e risalente agli esercizi filosofici a cui si rifarà anche Ignazio.

«Se per amore di Dio ti separi nella carne dai tuoi genitori, non ti far trascinare via dai tuoi sentimenti quando sei nella tua cella, commiserandoti a causa di tuo padre, tua madre, tuo fratello, a causa della tenerezza dei tuoi figli o dell'amore di tua moglie, perché hai abbandonato tutto questo per amore di Dio. Pensa all'ora della tua morte, quando nessuno di loro potrà venire in tuo aiuto».[114]

Il maestro sprona a non voltarsi indietro, poiché questo provoca una regressione, mentre guardare avanti al momento della fine ha come scopo quello di affrontare la grande solitudine che si manifesterà, con la morte. Grazie a questo esercizio il giovane monaco potrà riequilibrare la sua vita e, tramite il pensiero della morte, capire qual è il vero scopo della sua vita: non assecondare il desiderio di amore e tenerezza, ma vivere ogni momento al cospetto di Dio, unito a Lui e diventando una benedizione per quanti incontrerà.

In seguito all'esperienza del peccato, la reazione comune è quella di scusarsi o accusarsi, demolendosi con i rimproveri. Anche dopo il perdono che Dio ci elargisce attraverso il sacerdote nella confessione, il pensiero di essere caduti ci agita e ci rende impediti. Il padre Poemen afferma che l'uomo che chiede perdono a Dio per la colpa commessa, trova subito pace; dunque, il maestro «non tiene in alcun conto che ci si accusi continuamente di fallire e peccare sempre [...] Rivolgersi tali rimproveri è improduttivo, fiacca l'energia e ci fa fissare sulla nostra colpa».[115]

È necessaria una fede incondizionata nel perdono di Dio. Antonio consiglia di non reprimere la colpa, ma di lasciarla passare, aggrappandosi all'amore di Dio. In un altro caso, lo stesso Antonio afferma che si deve fronteggiare la propria colpa prima di lasciarla andare: «Questa è l'opera grande dell'uomo: gettare su di sé il proprio peccato davanti a Dio; e attendersi tentazioni fino all'ultimo respiro».[116] Nella vita spirituale bisogna alzare lo sguardo e non sedersi sulle proprie colpe, cosicché, nel mezzo della nostra colpa, potremo essere pervasi dalla pace che solo la misericordia di Dio può dare, poiché Egli ci accoglie ed ama anche con la nostra colpa, Egli è più grande del nostro cuore.

Conclusione

Al termine di questa riflessione sulla direzione spirituale è doveroso dare parola alla Parola per eccellenza e osservare come essa si pone nei confronti del cammino dell'uomo verso la verità, cioè verso Dio. La letteratura sapienziale, e, più specificamente il libro del salterio, pone l'uomo davanti ad una scelta: scegliere il bene e la vita o il male e la morte. Il salmo primo, dunque, si configura come porta d'accesso a tutto il libro e contrappone due figure, lo stolto e il saggio. Per la Bibbia sapienza e stupidità sono i due modi possibili, diversi e antitetici di vivere la vita, senza concedere fughe spiritualistiche o illusioni di poter scegliere una via di mezzo. È interessante notare che l'agiografo del salmo, per rappresentare la vita dello stolto usa tre aggettivi: empio, stolto, beffardo. «Empietà è un termine che nella Bibbia abbraccia una vasta gemma di azioni delittuose: ingiustizie, violenze, frodi. Peccato significa primariamente un'azione sbagliata, [...] un comportamento sbagliato verso Dio [...] e nei confronti del peccatore stesso che si illude, sottraendosi alla legge di Dio, di trovare pienezza e libertà e invece non trova che vuoto».[117]

Il beffardo è colui che disprezza e deride dall'alto della sua furbizia, che lo porta ad ergersi sopra le regole morali, ma la spavalderia del beffeggiatore si traduce ed è indicatrice dell'invidia che egli prova nei confronti del giusto. Per quanto riguarda la descrizione del giusto, invece, si ricorre a dei comportamenti che manifestano come la sapienza agisca nel cuore di chi la segue. Il saggio evita con cura il cammino in compagnia degli empi, non indugia sulla loro strada e non frequenta le loro assemblee (cf. Sai 1,1). Cosa fa, in positivo, il saggio? Egli ama e medita notte e giorno la Parola del Signore. «Il verbo ebraico adoperato significa bisbigliare, sussurrare»,[118] ciò sta ad indicare che la Parola di Dio è primariamente rivolta all'ascoltatore e non ad altri; ecco, perché si rivela necessaria una interiorizzazione della Parola, atta non solo ad arricchirsi del suo insegnamento, ma anche ad imparane a memoria i termini con i quali questa si esprime. Un cuore saggio promana azioni sagge, che portano alla felicità (cf. Sai 1,1), alla beatitudine (cf. Mt 5, 3- 12). Il salmista, contrariamente a quanto un cristiano potrebbe pensare, non allude al gaudio eterno, ma alla vita del mondo, la quale deve essere permeata dalla speranza nel bene, negli affetti, nel futuro, specialmente quando si conosce per fede che è Dio il futuro del cristiano e di ogni uomo (cf. GS 22 -LG 16). Tutta la Bibbia è profondamente convinta che il Signore dà solidità alla vita dell'uomo e che la casa degli empi andrà in rovina, poiché non ha fondamenta. Dunque, è doveroso cominciare ogni cammino di direzione spirituale con la «certezza serena e solida, che la promessa di Dio non viene meno», mantenendo la stessa fiducia anche nelle avversità che la vita comporta: Dio mio, Dio mio perché mi hai abbandonato? [...] Lodate il Signore voi che lo temete [...] al popolo che nascerà diranno: "Ecco l'opera del Signore"». (Sal 22,2; 24; 32)

«I veri credenti, infatti, conoscono questa esperienza e nelle loro preghiere ripetono la domanda del salmista: Perché? Una grande angoscia e tuttavia ancora una speranza [...]: questo è il miracolo che la fede riesce a fare»[119]

Questo approccio sapienziale che la letteratura salmica ci offre è strettamente correlato al metodo usato dai padri del deserto. Essi infatti credevano fermamente che Dio fosse il primo artefice della santità del discepolo, ecco perché non smettevano mai di pregare, di esortare a compiere la Sua volontà confidando nella Sua insondabile grazia e misericordia. È proprio con la misericordia e l'incoraggiamento che i padri si configuravano come pneumatofori, cioè canali di grazia privilegiati per il progresso del discepolo nella via dello Spirito, facendo sì che egli non si fermasse sul proprio insuccesso o sul proprio merito. La grandezza dei Padri del deserto, e la grandezza di ogni padre spirituale, sta nel rapportarsi all'uomo che ha di fronte, così come Dio stesso si relaziona con l'umanità.

Dio crea l'uomo a Sua immagine e somiglianza (cf. Gn 1,26) ma alla ripetizione del v.27 si omette il termine somiglianza impiegato da Dio stesso. «Nel suo racconto della creazione dell'umano da parte di Dio, il narratore riporta solo il termine "immagine" raddoppiandolo, come se volesse sottolineare che evita di proposito di menzionare la somiglianza. In questo modo egli evidenzia che gli uomini sono certo creati a immagine di Dio, ma a loro spetta il compito di "farsi" cercando di somigliare alla immagine che portano in sé.»[120]

Dal resto della narrazione sappiamo, però, che l'umano tradirà la fiducia di Dio, acconsentendo alla tentazione del serpente ed alla propria smania di conseguire la propria vocazione senza Colui che lo ha chiamato. Ecco, però, una ulteriore risposta di Dio al rifiuto dell'uomo: Egli manda il Suo Figlio unigenito a condividere con noi il lavorare, il pensare, l'agire, per dare a questi una nuova modalità di espressione. Infatti con Cristo, l'uomo può lavorare, pregare e agire come Dio prega, lavora e agisce. «Cristo quindi [...] svela pienamente l'uomo a sé stesso e gli manifesta la sua altissima vocazione» (GS22), cosicché l'uomo viene tutto rinnovato nella sua condizione ferita dal peccato originale. Il Nostro Signore, dunque, con la sua morte e risurrezione ci ha fatto dono della vita e della figliolanza, in modo da poter gridare nello Spirito: "Abbà, Padre" (cf. GS 22; Rm 8,15). Il padre spirituale, dunque, deve accompagnare l'uomo a "fare" l'immagine di Dio che è in sé, sicuro di quanto afferma il salmista: «La tua bontà mi ha fatto crescere» e ricapitolando ogni sua azione sull'esempio del Redentore: «Padre perdonali!» (Lc 23,34).

Note bibliografiche:

1 B. GIORDANI, "Direzione Spirituale. Aspetti psico-pedagogici", in Dizionario di Mistica, Libreria Editrice Vaticana, Città del Vaticano 1998, 421.5

2 PAOLO VI, Messale Romano: http://www.maranatha.it/ Festiv 2/ triduo /VensPaqe.htm (17.04.2008)

3 BENEDETTO XVI, primo saluto di Sua Santità:

http://www.vatican.va/holyfather/benedictxvi/speeches/2005/april/documents/hf b en-xvi spe 20050419 first-speech it.html (17.04.2008)

4 E. GHINI, Il "Padre spirituale11secondo i monaci del deserto, in Rivista di vita spirituale 39 (1985) 29.

5 GHINI, "Il Padre spirituale", 30.

6 GHINI, Il " Padre spirituale",31.

7 GHINI, Il "Padre spirituale' 33.

8 I PADRI DEL DESERTO, Detti, traduzione e note a cura di L. MORTARI, Città Nuova, 1972, citato in GHINI, Il "Padre spirituale", 34 .

9 GHINI, Il "Padre spirituale",34.

10 GHINI, Il "Padre spirituale' 35-36.

11 GHINI, Il "Padre spirituale' 35.

12 I PADRI DEL DESERTO, Detti, citato in GHINI, Il "Padre spirituale",36.

13 GHINI, Il " Pad re spirituale': 37.

14 GIOVANNI CASSIANO, Conferenze spirituali I, traduzione e note a cura di O. LARI, Ed Paoline 19 66 114.

15 GHINI, Il "Padre spirituale", 38.

16 GHINI, Il "Padre spirituale ", 39.

17 GIOVA NNI PAOIO II, Lettera enciclica Dives in Misericordia,4.

18 GIOVANNI PAOLO II, Lettera enciclica Dives in Misericordia,8.

19 I PADRI DEL DESERTO, Detti, citato in GHINI, Il "Padre spirituale",39.

20 I PADRI DEL DESERTO, Detti, citato in GHINI, Il "Padre spirituale",39.

21GHINI, Il "Padre spirituale' 42.

22GHINI, Il "Padre spirituale': 42.

23 GHINI, Il "Padre spirituale",43.

24 GHINI, Il " Padre spirituale': 45.

25 GHINI, Il " Padre spirituale", 46.

26 GHINI, Il "Padre spirituale': 46.

27 AGOSTI NO D'I PPONA, De sancta virginitate:
http: // www.augustinus.it / italiano/ sanctavirginitate/ index.htm (11 .0 2. 2008).
28 GHINI, Il "Padre spirituale", 47.

29 GHINI, Il "Padre spirituale':47.

30 Novissimo Dizionario della lingua italiana, Palazzi, Milano 1974.

30 C. DELL'OSSO, L'uomo, immagine di Dio: temi di antropologia dei Padri greci, in

31 Rivista di Scienze Religiose 41(2007) 23.

32 DELL'OSSO, L'uomo, immagine di Dio, 23.

33 DELL'OSSO, L'uomo, immagine di Dio, 24.

34D ELL' OSSO, L'uomo, immagine di Dio, 24.

35 D ELL'OSS O, L'uomo, immagine di Dio, 25.

36 I. HAUSER, Direction spiritelle en Orient autrefois, citato in R.M. PARRINELLO, Coscienza e direzione spirituale, in Maestro e Discepolo. Temi e problemi della direzione spirituale tra il VI e il VII secolo, Morecelliana, Brescia 2006 275.

37 P. EVDOKIMOV, La direzione spirituale nelle tradizioni delle chiese. La chiesa orientale. L'arte dei padri spirituali, citato in PARRNIELLO, Coscienza e direzione spirituale,275.

38 PARRNELLO, Coscienza e direzione spirituale, 276.

39 PARRINELLO, Coscienza e direzione spirituale, 277.

40 IOANNIS STOBAEI, Florilegium 13-604, citato in PARRI NELLO, Coscienza e direzione spirituale, 278.

41 PARRINELLO, Coscienza e direzione spirituale, 280.

42 P. HADOT, Plotino 18, citato in PARRINELLO, Coscienza e direzione spirituale, 280.

43 PARRINELLO, Coscienza e direzione spirituale, 282.

44PARRINELLO, Coscienza e direzione spiri uale, 283.

45 PARRINELLO, Coscienza e direzione spirituale, 285.

47 BASILIO DI CESAREA, Asceticon, citato in PARRINELLO, Coscienza e direzione spirituale 285.

49 MARC LE MOINE, trates, PARRINELLO, citato in Coscienza e direzione spirituale 289.

50 MARC LE MOINE, trates, citato in PARRINELLO, Coscienza e direzione spirituale, 290.

51 MARC LE MOINE, trates, citato in PARRINELLO, Coscienza e direzione spirituale, 290.

52 PARRINELLO, Coscienza e direzione spirituale, 29 1.

53 PARRINELL O, Coscienza e direzione spirituale, 301 - 302.

54 PARRINELLO, Coscienza e direzione spirituale, 303. Il monastero di Seridos dovette trovarsi a Gerara a sud di Gaza, mentre oggi si pensa ubicato a Thabatha, ivi vi fecero fermata i patriarchi Abramo ed I sacco.

55 BARSANUFIO E GIOVANNI DI GAZA, Corrispondenze, citato in PARRINELLO, Coscienza e direzione spirituale, 304.

56 PARRINELLO, Coscienza e direzione spirituale,304.

57 BARSANUFIO E GIOVANNI DI GAZA, Corrispondenze, citato in PARRI NELLO, Coscienza edirezione spirituale, 305.

58 BARSANUFIO E GIOVANNI DI GAZA, Corrispondenze, citato in PARRINELLO, Coscienza e direzione spirituale, 306.

59 BARSANUFIO E GIOVANNI DI GAZA, Corrispon-denze, citato in PARRINELLO, Coscienza e direzione spirituale, 306.

60 T. SPIDLIK, Le concept de l'ob éissance et de la consciece se/on Dorothée de Gaza, citato in PARRINELLO, Coscienza e direzione spirituale, 308.

61 PARRI NE LLO, Coscienza e direzione spirituale, 308.

62 PARRI NELLO, Coscienza e direzione spirituale, 311.

63 PARRI NE LLO, Coscienza e direzione spirituale,31 5

64 GIOVANNI PAOLO II, Lettera enciclica Veritatis Splendor, 54-55-58-63.

65 DOROTEO, Scritti 236, citato in PARRINELLO, Coscienza e direzione spirituale, 314

66 A. GRÜN, L'accompagnamento spirituale nei Padri del deserto, Paoli ne, Milano 2005, 7.

67 GRÜN, L'accompagnamento spirituale, 8.

68 GRÜN, L'accompagnamento spirituale, 7

69 AGOSTINO D1 I PPONA, De grazia et libero arbitrio: http://www.augustinus.it/italiano/grazia liberoarbitrio/ index.htm (20.2.2008).

70 AGOSTINO D'IPPONA, De grazia et libero arbitrio: http://www.augustinus.it/italiano/grazialiberoarbitrio/index.htm (20.2.2008).

71 AGOSTINO D'IPPONA, De grazia et libero arbitrio: http://www.augustinus.it/italiano/grazialiberoarbitrio/index.htm (20.2.2008).

72 AGOSTI NO D'IPPONA, De grazia et libero arbitrio: http://www.augustinus.it/italiano/qra7ialiberoarbitrio/index.htm (20.2.2008).

73 AGOS TI NO D' I PPO NA, De grazia et libero arbitrio http: // www.augstinus.i t/ italiano/ grazia libero arbitrio/ index .htm (20. 2. 2008).

74 AGOSTINO D'IPPONA, De grazia et libero arbitrio: http://www.augustinus.it/italiano/grazialiberoarbitrio/index.htm (20.2.2008).

75 AGOSTINO D'IPPONA, De grazia et libero arbitrio: http://www.auqustinus.it/italiano/qrazialiberoarbitrio/index.htm (20.2.2008).

76 AGOSTINO D'IPPONA, De grazia et libero arbitrio: http://www.augustinus.it/italiano/grazialiberoarbitrio/index.htm (20.2.2008).

77 AGOSTINO D'IPPONA, De grazia et libero arbitrio: http:/ / www.auqustinus.it/ italiano / grazia libero arbitrio/ index.htm (20.2.2008).

78 AGOSTINO D'IPPONA, De grazia et libero arbitrio: http://www.auqustinus.it/ italiano/ grazia libero arbitrio/ index.htm (20.2.2008).

79AGOSTINO D'IPPONA, De grazia et libero arbitrio: http://www.augustinus.it / italiano/ gra7ia libero arbitrio/ index.htm (20.2.20 08).

80 AGOSTINO D'IPPONA, De grazia et libero arbitrio: http://www.auqustinus.it/italìano/grazialiberoarbitrio/index.htm (20.2.2008).

81 AGOSTINO D''IPPONA, De grazia et libero arbitrio: http://www.augustinus.it/italiano/qrazialiberoarbitrio/index.htm (15.3.2008).

82 AGOSTINO D'IPPONA, De grazia et libero arbitrio: htt p://www.augustinus.ìt/italiano/qra7ialiberoarbitrio/index.htm (15.3.2008).

83 La controversia de auxiliis si colloca tra il XVI e il XVII secolo dopo il Concilio di Trento. La disputa vede come contendenti Bañez e i tomisti e Molina con i Gesuiti sul rapporto tra la libertà e la grazia. I tomisti ribadiscono il primato di Dio (la grazia muove la libertà affinché agisca bene: posizione ante previsa merita) mentre i gesuiti, pur non negandolo, valorizzano la volontà dell'uomo parlando di una scienza media in Dio (futuribili), grazie alla quale Dio sa ciò che l'uomo farà se messo in una determinata condizione. I futuribili sono tra il reale e il possibile, meno reali dei reali, ma più reali dei possibili, dove la libertà è necessaria perché la grazia sia efficace: posizione ante previsa merita. Paolo V darà la legittimità alle due scuole e ne proibirà la condanna.

84 GRÜN, L'accompagnamento spirituale, 8.

85 GRÜN, L'accompagnamento spirituale, 46.

86 GRÜN, L'accompagnamento spirituale, 47.

87 I PADRI DEL DESERTO, Detti, citato in GRÜN, L'accompagnamento spirituale 48.

88 GRÜN, L'accompagnamento spirituale, 49.

89 GRÜN, L'accompagnamento spirituale,50.

90 GRÜN, L'accompagnamento spirituale, 51.

91 GRÜN, L'accompagnamento spirituale,52.

92 GRÜN, L'accompagnamento spirituale,52.

93 I PADRI DEL DES ERTO, Detti, citato in GRÜN, L'accompagnamento spirituale, 51.

94 GRÜN, L'accompagnamento spirituale, 53.

95 GRÜN, L'accompagnamento spirituale, 66.

96 Del 1942 è l'opera di Rogers (Counseling and Psychotherapy) che getta le basi della sua client-centered therapy e del movimento di psicologia umanistica.

97 H. LEMKE,Verkudingung im seelsorgischen Gesprach, in Handbuch der Pastoralpsycologie, Regensburg 1990 497, citato in GRUN, l'accompagnamento spirituale, 67.

98 GRÜN, L'accompagnamento spirituale, 68.

99 GRÜN, L'accompagnamento spirituale, 69.

100 GRÜN, L'accompagnamento spirituale, 68.

101 A.R0Y0 MARIN, Teologia della perfezione cristiana, San Paolo, Milano 198 7, 964.

102 GRÜN, L'accompagnamento spirituale, 70.

103 GRÜN, L' accompagnamento spirituale,71.

104 I PADRI DEL DESERTO, Detti, citato in GRON, L'accompagnamento spirituale, 71.

105 Royo MARIN, Teologia della perfezione cristiana, 97.

106 TOMMAS O D'AQUI NO, Summa theologiae I- II, 110, I; cfr. De Veritate Q. 27, citato in Rovo MARIN, Teologia della perfezione cristiana, 98.

107 Rovo MARIN, Teologia della perfezione cristiana, 229.

108 GRÜN, L'accompagnamento spirituale, 91.

109 GRÜN, L'accompagnamento spirituale, 92.

110 GRÜN, L'accompagnamento spirituale, 93.

111 GRÜN, L'accompagnamento spirituale, 93.

112 GRÜN, L'accompagnamento spirituale, 93.

113 I PADRI DEL DESERTO, Detti, citato in GR0 N, L'accompagnamento spirituale, 95.

114 GRÜN, L'accompagnamento spirituale, 95.

115 GRÜN, L'accompagnamento spirituale,97.

116 PADRI DEL DESERTO, detti, Roma 1972, citato in GRÜN, L'accompagnamento spirituale, 98.

117 B. MAGGIONI, Davanti a Dio. I salmi, Vita e pensiero, Milano 2001 14.

118 B. MAGGIONI, Davanti a Dio,14.

119 B. MAGGIONI, Davanti a Dio, 73

120 A. WÉNIN, Non di solo pane. Violenza e alleanza nella Bibbia, EDB, Bologna 2004, 25.

Printed by Books on Demand GmbH, Norderstedt / Germany